# LA VALEUR

## DE

# L'EXISTENCE

## PETIT MANUEL PRATIQUE DE L'ASSURANCE SUR LA VIE

SUIVI

D'UN EXPOSÉ SUR L'ÉTAT ACTUEL DE LA JURISPRUDENCE SPÉCIALE

PAR

## TH. OGERDIAS

« Time is money. »
« L'existence est un capital. »

2ᵉ ÉDITION

Prix : **50** centimes.

## PARIS

E. DENTU, LIBRAIRE-ÉDITEUR

PALAIS-ROYAL, 17 ET 19, GALERIE D'ORLÉANS

1869

# LA VALEUR

## DE

# L'EXISTENCE

# LA VALEUR

## DE

# L'EXISTENCE

### PETIT MANUEL PRATIQUE DE L'ASSURANCE SUR LA VIE

SUIVI

D'UN EXPOSÉ SUR L'ÉTAT ACTUEL DE LA JURISPRUDENCE SPÉCIALE

PAR

## TH. OGERDIAS

« Time is money. »
« L'existence est un capital. »

2ᵉ ÉDITION



CLICHY

IMPRIMERIE DE MAURICE LOIGNON, PAUL DUPONT ET Cⁱᵉ

12, RUE DU BAC-D'ASNIÈRES 12,

—

1869

# LA VALEUR DE L'EXISTENCE

A la vue de ce titre, beaucoup de personnes se diront :
« L'existence n'a de valeur que celle qu'on y attache ! » Au
point de vue de l'individu, cela peut être vrai, mais à celui
de l'économiste, c'est tout différent. Pour lui, la vie ne
vaut quelque chose que parce qu'elle est un instrument de
travail; elle est donc *une valeur*, *un capital*, mais éminemment périssable, soumis à des chances de brusque destruction.

Est-il possible de supprimer ces chances, ou du moins
d'en atténuer les conséquences pécuniaires? La réponse
n'est pas douteuse, et nous la verrons se déduire dans les
quelques pages qui vont suivre.

Nombre de travaux savants, d'écrits attrayants, de
traités de toute nature ont été publiés en France, depuis
trente ans, pour faire connaître l'Assurance sur la vie.
Tout semble dit sur cette grande question. Des ouvrages
théoriques, hérissés de chiffres et de formules algébriques,
l'ont, en effet, étudiée à jour et sous toutes les faces;
mais ceux composés en vue du public ont, à mon avis,
oublié certaines considérations que je m'efforcerai de développer au point de vue *pratique*, en homme *pratique*.

J'ai souvent remarqué que peu de personnes ont le temps ou la patience de lire un livre dans lequel elles aperçoivent des quantités exprimées en lettres ; la vue des équations les effraye. Je vais faire en sorte qu'il n'en échappe pas une seule à ma plume.

En revanche, je prierai le lecteur de ne pas prendre ombrage s'il trouve souvent ici le mot *moi*, car je raconterai quelquefois des faits personnels ; je lui demanderai, en outre, la permission de m'affranchir de toute méthode, afin d'éviter, s'il est possible, la monotonie : nous ferons, s'il le veut bien, une promenade à travers champs dans le domaine de l'assurance sur la vie.

---

*Ce que l'on entend, ou plutôt ce que l'on entendait généralement par Assurance sur la vie.*

Demandez à un Anglais s'il connaît l'assurance sur la vie. — Il vous regardera d'un air aussi étonné que s'il s'agissait de savoir s'il fait jour en plein midi ; c'est qu'en effet, en Angleterre, l'assurance sur la vie est connue de tout le monde, et que depuis le chef de l'Etat jusqu'au dernier sujet, chacun la pratique. Mais faites la même question à un Français, et vous avez neuf chances sur dix pour qu'il vous réponde : « L'assurance sur la vie ! qu'est-ce que c'est que ça ? » — ou bien, s'écrie d'un air capable : — « Ah ! oui, je connais ça, c'est l'affaire pour les enfants ; » — ou enfin bien souvent : — Si je la connais ; oh ! oui, malheureusement, j'y ai été pris, et l'on ne m'y reprendra plus, » — croyant toujours qu'il s'agit de certaine opération qui, au commencement de ce siècle, avait pris, on ne sait pourquoi, le nom d'assurance mutuelle sur la vie, mais qui n'avait avec elle aucun rapport, par le motif tout simple que cette prétendue *assurance n'assurait rien*.

Faisons-la d'abord connaître, avant d'expliquer la véritable assurance sur la vie, et donnons-lui son vrai nom : LA TONTINE. Quand on l'aura bien comprise, on ne sera plus exposé à confondre l'une avec l'autre, et c'est un point capital, car elles sont l'opposé le plus complet.

La première Tontine établie en France sous le nom de Tontine Lafarge, il y a plus de deux cents ans, après avoir fait naître les plus folles espérances, n'a abouti qu'à une perte à peu près complète pour l'immense majorité de ses adhérents. Il existe encore de ceux-ci quelques rares survivants qui touchent chaque année des sommes dérisoires provenant de la liquidation.

Les autres sociétés qui ont suivi la première, quoique administrées en général d'une façon irréprochable, n'ont pas rendu de services aux familles. Elles sont maintenant condamnées par l'expérience, qui en a démontré l'inutilité ; la base était fausse, la pyramide était posée sur la pointe.

Elles consistent en une caisse commune dans laquelle chaque associé verse, pendant dix, quinze, vingt ans, sa cotisation nommée *prime*. A chaque fin d'année, les sommes encaissées sont converties en rentes sur l'Etat. A l'expiration de la période, le capital formé par les versements annuels, par ceux des associés décédés, et par les intérêts capitalisés, est réparti intégralement entre les survivants.

Or, à chacune de ses liquidations, les désillusions sont complètes ou à peu près ; on a cru qu'en versant une faible somme pendant quinze ou vingt ans, on aurait un capital énorme en cas de survivance, et l'on est tout étonné de ne recevoir que le montant des primes avec les intérêts capitalisés à 4 ou 5 p. 100 tout au plus. On crie, on s'indigne, et cela bien à tort, car si l'on s'était donné la peine de consulter une table de mortalité, on aurait vu qu'il ne pouvait pas même se produire la huitième partie des décès sur lesquels on comptait, et *qui devaient former les bénéfices.*

Ce que le Tontinier n'a pas fait avant de s'engager dans son opération, faisons-le pour lui, ou plutôt pour ceux qui seraient tentés de l'imiter, et voyons *quel doit être le résultat.*

Si nous considérons les tables de mortalité de Deparcieux (1689 à 1742), nous y apprenons que, sur 1,000 enfants pris à 3 ans, il en reste 806 à 21 ans; celles de Duvillard (avant la révolution de 1789) en indiquent 804; le chiffre est sensiblement le même ; mais si nous consultons les plus récentes, celles de M. Beauvisage (1793 à 1864), le résultat est tout autre : il en reste 898, c'est-à-dire qu'il n'en est mort que 102 sur 1,000, soit en chiffres ronds 1/10. On est déjà obligé de convenir que, si un dixième seulement s'éteint de 3 à 21 ans, les bénéfices qui doivent rester pour les survivants ne seront pas grands.

Mais voici bien autre chose : Les Compagnies tontinières, assaillies par les récriminations, souvent même par les injures des parents dont les enfants étaient morts, et qui perdaient les sommes payées, ont inventé ce qu'elles appellent la contre-assurance, qui est réellement une assurance contre la perte des capitaux versés. Moyennant une augmentation de 10 à 15 p. 100 environ en sus de la prime, ces Compagnies s'engagent, en cas de décès de l'enfant, ou de cessation de payements, à rendre les sommes versées, *moins* la prime de contre-assurance, et *moins* les intérêts des primes perçues. Ajoutons à cela que les placements, pour être de tout repos, doivent être faits à un taux assez bas, 3 ou 3 1/2 p. 100. — De sorte que la faible mortalité (102 sur 1,000) est une cause de diminution dans les bénéfices espérés, et que la contre-assurance en est une plus puissante encore, parce que les survivants, au lieu de bénéficier des primes entières des décédés, ne trouvent plus que 15 p. 100 de ces mêmes primes.

Pour mon compte, je n'ai jamais pu comprendre la tontine avec contre-assurance. Vous voulez jouer sur la tête de votre enfant, cela vous regarde ; mais ne détruisez pas d'une main ce que vous faites de l'autre, absolument comme si, spectateur d'une partie d'écarté, vous faisiez un pari de même somme pour chaque adversaire; le résultat serait négatif.

En dernière analyse, l'associé survivant ne reçoit et ne peut recevoir que les sommes versées par lui avec les intérêts capitalisés à 4 ou 5 p. 100 *au plus*.

Et, pour arriver à un si beau résultat, le père a couru trois chances mauvaises :

1° De perdre l'enfant, et, avec lui, les sommes versées (double chagrin) ;

2° De perdre les primes payées, s'il ne continue pas les versements ;

3° Ou de décéder lui-même et de laisser dans la gêne sa famille, laquelle en outre est obligée, ou de s'imposer des privations énormes pour continuer une opération désavantageuse, ou de cesser les payements, auquel cas, tout est perdu.

Aussi, chaque fois que je rencontre sur ma route des personnes qui veulent *assurer* (!) leurs enfants, je leur donne le conseil de placer elles-mêmes chaque année les sommes qu'elles destinaient à cet usage... Au moins, si vous perdez l'enfant, vous ne perdrez pas en même temps l'argent, et si vous mourez, votre famille en trouvera dans votre caisse le montant, d'autant plus utile alors qu'elle en aura plus besoin, n'ayant plus le chef de famille pour la faire vivre.

Des faits qui sont venus assez souvent à ma connaissance m'ont toujours confirmé dans ma manière de voir à l'égard des tontines ; en voici un qui m'a été personnel :

Il y a environ cinq ans, je rencontre un de mes anciens camarades d'enfance que j'avais perdu de vue depuis une quinzaine d'années au moins. — Il me raconte qu'il est employé dans une maison de banque à 5,000 francs par an, qu'il est marié, père d'une charmante petite fille de 5 ans, et que, pour lui faire une dot, il l'a *assurée* moyennant 500 francs par an pendant vingt ans. Au lieu de le féliciter, je me contente de lui expliquer les conséquences de sa soi-disant assurance. Il ne fut pas long à éclairer. — « Mais que faire ? » me dit-il. — « Ce n'est pas difficile, cessez votre opération et perdez les sommes versées. » — « Oh ! ma foi non, j'aime mieux aller jusqu'au bout ; car, si je perds ma fille, mon chagrin sera si grand que la perte d'argent me trouvera insensible... » — Il continua ses versements annuels de 500 francs, mais, au bout de deux ans, ce fut lui qui mourut de la fièvre typhoïde, laissant sa femme et sa jeune fille dans la misère. Il avait fait à la compagnie huit versements, *et, en outre, payé une prime double la première année pour frais d'administration* (1) ; en tout, 4,500 francs. Cette petite somme qui aurait pu être si utile à sa famille était perdue pour elle. Quelle différence dans les résultats, si, mieux conseillé, il eût fait la véritable assurance sur la vie dont il sera question plus loin ! il eût laissé après lui plus de 20,000 francs.

Les Compagnies savent bien que ces opérations peuvent

_______________

(1) Faisons remarquer en passant qu'une part proportionnelle de ces frais devrait au moins être rendue aux associés qui se retirent avant l'expiration de la période, ou aux parents des enfants décédés, mais les Compagnies s'en gardent bien, quoiqu'elles n'aient couru aucun risque.

souvent causer du préjudice aux familles : néanmoins, elles les conservent dans leurs tarifs, parce que certaines personnes cherchent un moyen de se forcer à économiser, et que la tontine en est un, ou à peu près. Quant à moi, je lui préfère de beaucoup la vulgaire tirelire ; l'argent qu'on lui confie ne court pas le risque d'être perdu en cas de malheur. D'un autre côté, je prétends que les gens qui ne se sentent pas assez d'énergie pour faire des économies sans y être contraints par l'échéance d'une prime, sont assez pauvrement organisés, et doivent être assez rares pour qu'il ne soit pas nécessaire d'installer à grands frais toute une administration à leur intention.

Un grand nombre de personnes ont fait cette opération et quelques-unes la font encore, en se fiant aveuglément aux affirmations d'agents ignorants ou intéressés à exagérer, qui leur promettent une fortune pour leurs enfants au moyen de quelques centaines de francs versés annuellement. Si les sommes ainsi promises sont supérieures aux primes payées et aux intérêts à 5 p. 100, *capitalisés*, il sera toujours prudent de s'adresser directement aux administrations elles-mêmes, dont les chefs ne donnent pas de renseignements inexacts ou exagérés.

Hâtons-nous d'avouer, à l'honneur des Compagnies, qu'elles recherchent de moins en moins ce genre d'affaires, qu'elles n'y poussent jamais leurs clients. Presque toutes celles qui ne faisaient que la Tontine ont converti ou convertissent peu à peu leurs opérations en assurances en cas de décès, et cela véritablement dans l'intérêt des familles. Une ou deux Compagnies seulement s'y livrent exclusivement et il n'y a réellement pas lieu de les en féliciter. Une autre Compagnie a même augmenté ses tarifs de 10 p. 100 afin d'en éloigner le public.

En résumé, sauf de rares exceptions, ne faire *jamais* la *Tontine*, sous quelque nom qu'elle se présente, *Assurance mutuelle sur la vie*, *Assurance aux capitaux différés* ou *Dotation des enfants*, parce que l'on peut obtenir soi-même un résultat semblable à celui des Compagnies, *sans courir la chance de perdre les sommes versées.*

Et quand on a eu le malheur de s'y engager, si l'on ne veut pas cesser immédiatement, le mieux est d'en faire la contre-partie, l'assurance en cas de décès, qui va être expliquée.

---

## CE QU'EST L'ASSURANCE SUR LA VIE.

Quand nous assurons nos maisons contre l'incendie, nous n'avons pas la prétention de faire une opération qui les empêche de brûler ; nous voulons seulement acquérir la certitude d'en recouvrer la valeur si elles sont incendiées. L'assurance sur la vie procède de la même façon.

Washington, je crois, disait que le temps est l'étoffe dont la vie est faite ; les Anglais disent que le temps est de l'argent : la vie, étant composée de temps, est donc un capital. De même qu'il y a des riches et des pauvres, de même il y a des hommes auxquels un long avenir est réservé ; d'autres, au contraire, dont la vie sera très-courte. Nous ne savons pas le nombre de jours qui nous restent à vivre. C'est contre cette incertitude qu'a été créée l'assurance sur la vie, qui serait mieux nommée, à mon avis : *Assurance contre les conséquences d'une mort prématurée ;* mais ce serait trop long à énoncer.

Des quelques lignes qui précèdent, le lecteur peut déjà

conclure que l'assurance sur la vie est une opération qui considère l'existence humaine comme un capital, et la remplace par une somme d'argent, si elle vient à s'éteindre. C'est, en effet, ce qui a lieu.

*Tout homme qui travaille produit,*
*Toute existence qui produit est une valeur,*
*Toutes les valeurs doivent être assurées.*

Ce triple axiome a été le point de départ des Anglais, lorsque, en 1702, ils ont créé la première compagnie d'assurances sur la vie, mais sur des bases incertaines, car les tables de mortalité n'existaient pas encore ou commençaient à se montrer sous la forme la plus rudimentaire. Cette Compagnie ne consistait, à proprement parler, qu'en une bourse commune, dans laquelle chaque sociétaire faisait des versements annuels pendant toute sa vie. A chaque fin d'année, le fonds était distribué aux familles des *associés décédés*. C'était, par conséquent, l'inverse des tontines, qui ne payent qu'aux survivants.

Comme toutes les opérations naissantes, elle fut sujette à des vices radicaux dont le plus important consistait dans l'égalité des cotisations : un jeune homme de 25 ans payant autant qu'un homme de 50 ; néanmoins, malgré ces imperfections, les services rendus furent si grands, qu'en peu d'années cette Compagnie atteignit un chiffre d'affaires considérable.

D'autres Compagnies, et en grand nombre, fondées depuis, ne suivirent pas entièrement la même voie ; elles modifièrent leurs tarifs, les combinèrent avec les indications fournies par les tables de mortalité qui se dressaient un peu partout, en Angleterre, en Allemagne, en France, et arrivèrent à une plus équitable détermination des primes à raison de l'âge.

On savait bien que ces Compagnies gagnaient beaucoup

d'argent tout en rendant d'immenses services aux familles des assurés décédés ; mais on ignorait le chiffre exact du gain, lorsque, au commencement de ce siècle, une nouvelle Compagnie s'offrit au public en annonçant qu'elle partagerait ses bénéfices avec ses assurés. Aussi, de toutes parts, la clientèle afflua dans ses bureaux.

Depuis cette époque, toutes les Compagnies d'assurances sur la vie qui se sont fondées ont suivi ce principe : elles admettent leurs assurés à la participation dans leurs bénéfices ; la quotité varie de 25 à 80 p. 100.

Il m'était indispensable de dire les quelques mots qui précèdent pour rendre hommage au pays qui a créé cette institution, et aussi parce que le nom de l'Angleterre est tellement inséparable de l'idée d'assurances sur la vie, que lorsque l'ont veut étudier cette question, il faut toujours en chercher les éléments dans le pays qui les a créées et surtout auprès d'une institution née de leur grande extension, je veux parler de l'*Institut des Actuaires de Londres*. Composée de savants, de mathématiciens du plus grand mérite, une de ses principales fonctions consiste à étudier, élucider les questions relatives aux assurances de tout nature. C'est dans le sein de l'*Institut des Actuaires* que les grandes Compagnies d'assurances, de chemins de fer, de crédit, vont chercher des directeurs. C'est là que sont recueillis, coordonnés, conservés tous les renseignements ayant rapport directement ou indirectement avec les assurances. C'est devant cet *Institut* que sont portées toutes les contestations relatives aux assurances, pour lesquelles il est une sorte de tribunal à l'appréciation duquel pas une Compagnie à Londres n'oserait se soustraire.

En Angleterre, en effet, où il existe environ 180 Compagnies assurant un capital de dix milliards, chacun connaît cette opération, l'étudie et sait se rendre compte de la situation de chaque compagnie, *ce que chez nous quelques hommes spéciaux sont seuls capables de faire.*

En France, nous sommes bien en retard à cet égard; nous n'avons malheureusement pas encore d'institut des actuaires, et 12 Compagnies seulement opérant sur la vie assurent un capital de moins de six cents millions.

Cependant, nous ne pouvons être accusés d'indifférence, car si cette institution a tardé bien longtemps à s'implanter chez nous, il faut avouer qu'elle y marche à pas de géant, et de façon à regagner le temps perdu; si, en effet, l'on considère les résultats obtenus, eu égard au laps de temps depuis lequel les Compagnies opèrent en France, nous voyons qu'elles font maintenant un chiffre annuel d'affaires analogue à celui des plus fortes Compagnies anglaises.

Elles sont entrées tard dans le mouvement, mais maintenant qu'elles y sont, l'institution va se répandre très-rapidement.

En quelques années, les actions de certaines Compagnies ont sextuplé de valeur, et elles ne s'arrêteront pas là.

L'homme, dont l'existence représente un capital, devrait commencer toujours par en assurer la valeur à sa famille au moyen d'une prime annuelle versée à une Compagnie. Il s'est bien fixé un but, il est en bonne voie pour l'atteindre, mais que la mort s'abatte sur lui et tout est perdu; certitude du présent, espérances d'avenir, tout est anéanti pour les siens; mais s'il a fait une assurance sur sa tête, la mort ne détruira pas l'édifice de sa fortune : il a fait la part du feu; la fatalité n'a plus de prise sur le reste.

Il peut le faire avec d'autant plus de sécurité, que de toutes les opérations financières, la plus solide est l'assurance sur la vie : elle est en effet basée sur des données immuables, les tables de mortalité, par conséquent à l'abri le plus complet de cataclysmes politiques ou financiers, et d'autant plus inébranlable qu'elle opère sur de grandes quantités. Aussi, en matière d'assurances sur la vie, le chiffre du capital social est complétement insignifiant. La seule chose utile à savoir, c'est le nombre des risques couverts par une Compagnie; plus elle en a et plus elle est solide, car elle se raproche de plus en plus de la vérité au point de vue des tables de mortalité. Le capital social n'est utile que dans les commencements de la Compagnie, et peut servir à payer les premiers sinistres; mais une fois en marche, elle acquiert des forces par son mouvement même.

Il nous est arrivé à tous de connaître quelque famille vivant dans l'aisance par le travail du père. Ce dernier mourait, et la misère entrait dans la maison : on ne trouvait pas cela extraordinaire, parce qu'on ne connaissait pas le moyen de conjurer les coups du sort. — « Comment, en « effet, amasser suffisamment pour laisser les siens à l'abri « du besoin quand on est dans les affaires ou que l'on a un « traitement fixe? On a des frais, et si l'ont peut, avant que « la mort survienne, donner aux enfants l'instruction « qui leur permettra de se tirer d'affaire, c'est déjà beau- « coup. »

Comment? Mais d'une façon toute simple : votre existence est une nue propriété, le produit annuel de votre travail en est l'usufruit. Le hasard est propriétaire de la nue propriété, rachetez-la-lui. En d'autres termes, assurez contre le hasard le capital (en tout ou partie) que représente votre existence. Si vous veniez à mourir, il serait complétement perdu. Vous avez trente-sept ans, je suppose, vous gagnez 15 ou 20,000 francs par an. Versez-en 3,000 chaque année à une Compagnie, et vous achèterez ainsi la certitude de laisser après vous un *minimum* de 100,000 francs, à quelque époque qu'arrive votre décès. Vous ne mourrez pas complétement : une portion de votre force productrice que vous aurez mise en réserve renaîtra sous la forme d'un capital qui aidera puissamment ceux que vous aviez charge de faire vivre.

Mais il y a autre chose : les Compagnies restituent à chaque assuré une part de leurs bénéfices, lui laissant la faculté de les toucher en espèces, ou de les appliquer à la réduction des primes, ou enfin d'en augmenter le capital assuré. — S'il opte pour le premier mode, il peut toucher à chaque répartition biennale ou triennale (suivant les Compagnies) de 3 à 5 p. 100 des sommes versées. C'est donc un véritable placement de fonds. — Si, pour le deuxième, au bout de vingt et quelques années, sa prime successivement réduite se trouve éteinte, il peut alors laisser son capital assuré s'accroître, ou toucher ses parts de bénéfices en espèces, bien qu'il ne verse plus de primes. — Si enfin, pour le troisième mode, son capital assuré se double dans le même laps de temps. *De sorte que jamais l'assuré n'a payé plus que sa famille ne reçoit.*

J'ai rencontré parfois des personnes qui, aux premiers mots, prenant un air important, me disaient : « Monsieur, moi je suis mon propre assureur : chaque année, je mets de côté une certaine somme, et dans vingt ans, vingt-cinq ans, j'aurai constitué un capital égal à celui de la Compagnie. » — « En effet, répondais-je, mais vous n'oubliez qu'un léger détail : avez-vous passé un bail avec la Providence pour qu'elle s'engage à vous laisser vivre vingt-cinq ans, un jour même ? Vous mettez, je suppose, 10,000 francs de côté : que vous mouriez demain, et vous ne laisserez à votre famille que 10,000 francs. Au contraire, en employant cette somme à des assurances sur votre vie, et en faisant toujours l'hypothèse d'un brusque décès, vous laisseriez après vous non pas 10,000 francs, mais au moins 300,000 francs. » Naturellement l'énonciation d'un tel résultat amenait cette question : « Mais vos Compagnies gagnent donc bien de l'argent? » — « Eh! oui, sans doute, elles en gagnent et beaucoup; car ce n'est pas pour en perdre que de grands financiers, des savants, des jurisconsultes se sont mis à la tête de ces institutions ; mais si elles en gagnent, elles en rendent une grande partie à leurs assurés.

Le lecteur me demandera probablement quelles sont les sources de ces bénéfices. — Je répondrai nettement, et dirai ce qui n'a jamais été, je crois, expliqué par ceux qui ont écrit avant moi sur ce sujet ; je montrerai sincèrement les principales sources de profits pour les Compagnies, et par conséquent pour les assurés, puisque les intérêts des deux parties sont connexes :

1° L'élévation des tarifs. — Les Compagnies qui veulent bien assurer, mais qui ne doivent pas perdre (car elles ne pourraient plus *vendre la sécurité*), font payer à l'assuré une prime, plus élevée qu'elle ne devrait l'être, si l'on s'en rapportait rigoureusement aux données fournies par les tables de mortalité.

2° Le choix des assurés. — Les tables de mortalité sont dressées sur l'ensemble de tous les décès, y compris les enfants morts au berceau, les jeunes gens qui ne dépassent guère la première partie de la vie, etc., etc. Les tarifs des Compagnies sont dressés d'après ces tables ; mais comme elles n'acceptent que des assurés bien portants, bien constitués, ayant par conséquent beaucoup de chances de longévité, il en résulte encore un avantage pour elles.

3° La capitalisation des intérêts. — Si l'axiôme « le temps est de l'argent » est vrai, c'est spécialement pour les Compagnies d'assurances. Les petites sommes qu'elles reçoivent de toutes parts, et qui bien souvent resteraient

improductives entre les mains de chaque assuré en raison
de leur faible importance, en forment une très-grosse par
leur réunion, et les Compagnies ne les laissent pas improductives. Des milliers, des millions de centimes accumulés
finissent par faire des millions de francs. Eh bien ! quand
même les Compagnies n'utiliseraient pas ces forces, quand
même elles laisseraient ces capitaux dormir dans leur
caisse (et il n'en est rien), leurs calculs sont si bien faits
qu'elles ne perdraient rien, tout en payant leurs sinistres ;
il est vrai qu'elles ne gagneraient pas. (Dès qu'une Compagnie est arrivée à avoir quelques milliers d'assurés, elle
sait d'avance, à peu de chose près, ce qu'elle aura à payer
chaque année.)

4° Enfin les résiliations de contrats. — On n'a jamais
beaucoup fait connaître au public cette source de bénéfices ; mais, comme en matière d'assurances sur la vie
aucune parcelle de lumière ne doit rester sous le boisseau,
je tiens à l'expliquer, d'autant mieux que plus les bénéfices
sont importants et plus l'assureur est solide. — Quand une
Compagnie a accepté une assurance, elle est engagée, elle
ne peut plus reculer, il faut qu'elle aille jusqu'au bout.
Mais l'assuré lui-même peut s'arrêter quand il le veut. S'il
cesse de payer avant les trois premières années, il perd les
sommes versées ; s'il ne cesse qu'après quatre, cinq, dix
ans, etc., il ne perd pas tout ; la Compagnie fait de deux
choses l'une au choix de l'assuré : ou elle lui délivre un
contrat réduit proportionnellement aux primes payées et
au capital assuré, — ou bien elle lui rachète son contrat
en espèces, et lui rend une partie des sommes versées.
Elle ne peut évidemment pas lui restituer la totalité, parce
que sur chaque prime encaissée il faut qu'elle prélève
de 30 à 50 p. 100 pour le fonds d'assurance qui sert à faire
face aux sinistres, à créer les bénéfices, et qu'elle a dû en

outre payer ses frais généraux. Ces résiliations de contrats se produisent assez fréquemment en raison des modifications qui surviennent dans la position des assurés ; un héritage qui rend l'assurance inutile, ou la retraite d'un emploi ou des affaires, etc. — J'ai tenu à signaler cette source de profits, je le répète, parce que les Compagnies d'assurances sur la vie sont assez honorables pour ne pas craindre la publicité de toutes leurs actions, elles ne peuvent qu'y gagner.

Je me suis souvent entendu dire : « Bah ! je ne mourrai pas, je suis jeune, fort, et actif, j'ai bien au moins trente ans d'existence devant moi. » Mais ceux-là ne réfléchissaient pas que tout en ayant peut-être quarante-neuf chances de vivre contre une de mourir, ils faisaient une chose insensée en n'éliminant pas la mauvaise chance. Jamais personne ne s'aviserait de prendre à une loterie 98 numéros sur cent. C'est pourtant ce que fait un homme utile à sa famille qui ne s'assure pas. Il a, il est vrai, quarante-neuf chances de gagner contre une de perdre, mais que le *hasard* le fasse tomber sur la mauvaise, et tout est perdu.

Quand j'entends certaines personne me dire qu'elles ont le droit de compter sur au moins trente ans de vie encore, je ne peux m'empêcher de leur citer l'exemple d'un jeune industriel des environs de Paris, lequel, en juillet 1866, me donnait rendez-vous pour la fin de décembre afin de contracter une assurance de 300,000 francs. Soit, lui dis-je, mais d'ici là portez-vous bien. — « Oh ! allons donc ! A mon âge, vingt-neuf ans, et bâti comme cela (en frappant sur sa poitrine) on vit cent ans. » — Et, au mois de septembre, je recevais une lettre de faire part m'annonçant son brusque décès survenu en quelques heures : il laissait trois enfants en bas âge, et sa jeune femme de vingt-quatre ans à la tête d'une industrie occupant de 250 à 300 ouvriers.

Puisque le mot de *hasard* vient de se glisser sous ma plume, je demande au lecteur la permission de lui expliquer ce que j'entends par ce mot : Le hasard est, suivant moi, la résultante de lois naturelles dont l'analyse nous échappe, *mais qui toutes s'enchaînent*. La faiblesse de l'esprit humain l'empêche de voir l'ensemble des causes dont l'effet seul le frappe. Il n'y a pas plus de *hasard* (dans le sens vulgaire du mot) qu'il n'y a de *caprice*. Cette dernière expression indique tout simplement une grande rapidité dans la succession des idées.

Je me rappelle à ce propos les relations que j'eus il y a plusieurs années avec un charmant garçon, licencié en droit, mais ayant laissé la robe pour fabriquer des articles de quincaillerie. Chaque fois que nous nous rencontrions, nous rompions des lances pour nous convaincre mutuellement : lui soutenant que tout vient du hasard et que l'on doit s'y abandonner ; moi prétendant qu'il n'y a pas de hasard, et qu'en tous cas on doit l'éliminer autant que faire se peut. Je lui citais comme exemple un de ses frères, moins riche en dons naturels, moins brillant que lui, mais qui, simple et prévoyant, avait sans bruit fait une assurance de cent mille francs sur sa tête afin de ne pas laisser sa veuve et ses enfants dans l'embarras avec un commerce de détail infini, la mercerie. A chaque attaque de ma part, il répondait par son mot favori : « Le hasard est notre maître, j'en courrai la chance. » Or, qu'est-il arrivé ? Son frère est mort il y a deux ans, laissant à sa femme son capital assuré qui a permis de ne pas se presser à vendre le fonds de commerce ; — lui, depuis un an, est atteint d'une maladie de la moelle épinière ; il connaît sa position, et sait qu'il n'a plus que peu de mois à vivre. La dernière fois que je l'ai visité, il faisait peine à voir, songeant avec angoisses au moment très-prochain où il ne sera plus, et où il laissera sa famille dans un embarras terrible.

Lorsque je vois l'innombrable quantité d'hommes utiles qui devraient s'assurer afin de laisser après eux une portion d'eux-mêmes sous forme de capital, je fais involontairement une triste comparaison ; je songe aux milliers d'animaux abattus chaque jour dans l'Amérique du Sud par des gens qui se contentent d'en enlever la peau, et laissent sans emploi des millions de kilogrammes de bonne viande qui sont ainsi perdus pour l'alimentation : l'homme dont l'existence a une valeur et qui ne s'assure pas, meurt tout entier ; après lui rien ne reste de lui.

Que l'on ne m'accuse pas d'être exclusif et de vouloir que chacun s'assure quand même ; je ne vais pas si loin, car je prétends que celui qui ne gagne pas, qui n'est pas utile, ne doit pas s'assurer, à moins de cas exceptionnels. Et encore même, c'est, pour l'homme qui ne travaille pas, un moyen de produire et d'être utile à sa famille. Mais aussi à combien de personnes qui ne s'en doutent pas l'assurance sur la vie peut être utile ! Combien est grand le nombre de celles qui travaillent, qui produisent, et n'en ont pas conscience ! Les oisifs sont bien plus rares qu'on ne le croit, et par conséquent plus grand est le nombre des existences assurables.

Le riche propriétaire surveillant ses domaines, visitant ses fermiers, leur expliquant certaines cultures, leur faisant faire des innovations, dirigeant ses constructions, etc., croit-il vivre sans rien faire ? Il produit, mais d'une autre façon que le manœuvre qui pose une pierre sur une autre, ou celui qui laboure la terre.

Indépendamment des hommes qui exercent une profession ou occupent un emploi, l'orateur, le député, le magistrat, produisent également ; par conséquent l'existence de chacun d'eux est un capital.

Un soir de décembre 1862, je développais cette thèse devant quelques personnes réunies chez un de mes amis. À un moment donné, un des assistants me pose cette question : « J'ai quarante-trois ans, quatre enfants, 80,000 livres de rentes et un château assez important sur les bords de la Loire : que puis-je avoir à démêler avec l'assurance sur la vie ? — Quand vous mourrez, lui répondis-je, si vos enfants ne s'entendent pas pour composer des lots qui soient tirés au sort, ou si l'un d'entre eux est encore mineur, ou même laisse des enfants mineurs, il faudra vendre tout afin que chacun en partage le prix. N'est-il pas un de vos fils que vous considériez comme plus capable que les autres de soutenir l'éclat de votre nom ? La loi ne vous permet pas de lui faire un avantage trop considérable ; mais contractez sur votre vie une assurance, vous en donnerez le montant aux autres enfants comme compensation, et à celui que vous jugerez le plus digne vous laisserez le château. Et en supposant même que vous n'ayez qu'un enfant, n'est-ce pas quelquefois une lourde charge que de payer à l'État des droits de succession, surtout quand celle-ci ne se compose que d'immeubles ? Il faut se hâter de vendre quelque portion de propriété à bas prix pour avoir de l'argent comptant, ou d'emprunter sur hypothèque, ce qui est cent fois pire. Mais si vous avez fait une assurance pour la somme à laquelle vous avez évalué ces frais posthumes, la Compagnie en payera le montant à votre fils, et dès lors pas de diminution de fortune, surtout si l'on considère que les capitaux assurés *ne sont soumis à aucun droit de perception par l'État.* »

Mon interlocuteur m'ayant prié de lui envoyer par écrit le résumé de notre conversation, après l'avoir reçu, s'assura pour une somme de 500,000 francs à cinq Compagnies, dans la pensée de faire plus tard un partage entre ses enfants dès que le dernier aurait atteint sa majorité.

Cette opération en fit faire presque immédiatement deux autres : un de ses voisins, grand industriel déjà riche, contractait une assurance de 400,000 francs destinée à ses deux plus jeunes enfants, pour compenser la différence résultant du legs fait à l'aîné de sa très-belle usine, dont il voulait éviter la vente après décès.

Quelques semaines plus tard, un de ses amis, sur sa recommandation, s'assurait pour 250,000 francs en faveur de son banquier, chez lequel il avait un compte courant quelquefois très-considérable.

Ce dernier exemple m'amène à parler de l'assurance comme garantie d'un capital :

Quelqu'un doit à un banquier, à un prêteur quelconque, 100,000 francs, je suppose ; il est pour le moment dans l'impossibilité de se libérer, mais il a des parents qui doivent lui laisser de la fortune. S'il meurt avant eux, la créance est perdue. Mais si le créancier l'a assuré pour le montant de sa dette, il ne courra plus de mauvaise chance. En effet, si les parents du débiteur décèdent avant lui, il hérite et paye. Si, au contraire, il meurt lui-même, la Compagnie rembourse. De cette façon, plus d'aléa. Il est probable que si M. Dupin avait mieux connu cette question, il n'aurait pas, dans une triste et remarquable circonstance (l'affaire La Pommeraye), déclaré immorale l'assurance sur la vie des tiers. Il a dû être éclairé depuis.

L'assurance sur la vie peut être aussi un moyen de faire un don à des institutions de charité ; de créer des fondations utiles à certaines classes (d'autant mieux que les héritiers n'ont en ce cas aucun droit sur le montant de l'assurance, puisqu'il ne diminue en aucune façon leur héritage). Qu'il me soit permis, à cet égard, de rapporter ici un fait remarquable à plus d'un titre :

Depuis nombre d'années que je me suis consacré aux assurances sur la vie, je savais qu'en Angleterre les membres de la famille royale et jusqu'aux têtes couronnées elles-mêmes tenaient à honneur de figurer parmi les clients des assurances sur la vie, afin de donner à leurs sujets l'exemple de la prévoyance et du désintéressement. Frappé de l'idée que si, en France, ces opérations n'étaient pas plus répandues c'est parce qu'on les avait en suspicion, je pensai que le meilleur moyen de les faire entourer de l'honorabilité qu'elles méritent était d'obtenir que le chef de l'État s'assurât. A cet effet, le 3 juin 1863, j'adressai à l'Empereur un travail dans lequel je proposais d'assurer sur sa tête, à toutes les Compagnies opérant en France, un capital destiné, à l'époque de sa réalisation, soit à créer un établissement d'utilité publique, soit à fonder un ou plusieurs prix pour l'amélioration de la classe ouvrière, faisant en même temps ressortir les avantages que présentait cette opération comme remède à apporter au morcellement de la propriété.

Le 16 juillet suivant, le maréchal ministre de la Maison de l'Empereur me répondait que « le développement des « institutions de prévoyance était certainement de nature « à exercer une influence favorable sur les masses, et que « les motifs qui m'avaient déterminé à exposer à l'Empe- « reur mes vues à cet égard méritaient d'être appréciés, « mais que les crédits inscrits au budget de la liste civile « pour encourager des entreprises d'*utilité générale* étaient « employés pour plusieurs années. »

Je ne songeais déjà plus à la démarche que j'avais faite, lorsque, quelques mois après, j'appris que l'Impératrice venait de s'assurer pour une somme très-considérable (plusieurs millions) en faveur des œuvres de bienfaisance qu'elle a fondées. Cette coïncidence me laissa supposer (amour-propre à part) que mon travail avait pu être pour quelque chose dans cette assurance : peut-être a-t-il été ignoré complétement, et la cause en a-t-elle été le décès du duc d'H... laissant, dit-on, à sa veuve, parente et amie de l'Impératrice, une somme de deux millions et demi par suite d'assurances sur sa tête. Quoi qu'il en soit, je ne m'en inquiétai pas plus, mon but était atteint; ce que je désirais était d'appeler l'attention sur l'assurance sur la vie. L'Impératrice étant assez haut placée pour s'entourer des renseignements le plus sûrs, j'acquérais la certitude que le doute s'attachant à cette opération finirait par disparaître.

(Depuis la 1<sup>re</sup> édition de cette brochure, une loi promulguée le 11 juillet 1868 a institué une caisse d'assurance en cas de décès régie par l'État, mais n'acceptant pas plus de 3,000 francs sur une tête.

Le gouvernement français entre ainsi dans la voie que lui a tracée la loi anglaise du 14 juillet 1864 modifiant celle de 1853 (chap. XLV) et instituant l'assurance par l'état de sommes payables après décès et pouvant s'élever jusqu'à 2,500 francs.

Bien souvent j'ai entendu émettre des plaintes au sujet du morcellement de la propriété, et proposer des remèdes aussi inefficaces les uns que les autres. Je considère l'assurance sur la vie, bien comprise, comme un des moyens curatifs les plus puissants de cette plaie. Voyons-en le mécanisme : Un homme ayant cinq enfants possède, je suppose, une petite ferme de 5 hectares. S'il meurt, chaque enfant en prend un cinquième, diminué de sa quote-part dans les frais de décès, de mutation, de partage, etc; ce n'est déjà plus le cinquième. Si chacun d'eux a cinq enfants et meurt dans les mêmes conditions que son père, la petite ferme est déjà divisée en vingt-cinq parties et de plus en plus amoindrie par les frais qui augmentent avec la grande division. Mais supposons maintenant que le père, possesseur des 5 hectares, ait fait sur sa tête une assurance dont il paye les primes *avec le produit de son travail* : à l'un de ses enfants il pourra laisser l'immeuble, aux autres l'argent provenant de son assurance ; il évitera ainsi le morcellement de la propriété. Et que l'on ne m'accuse pas d'exagération? Le mal est grand, et il faut trouver un moyen de le guérir ; il est si grand, que je puis citer un canton de la Bretagne dans lequel il existe au bureau des contributions directes plus de 1,700 cotes irrecouvrables, les parcelles de terre auxquelles elles se rapportent étant imposées à moins de 3 centimes ! Les propriétaires de ces terrains n'ont presque tous comme ressource que la mendicité !

Je puis citer même telles communes de la Loire-Inférieure où le morcellement a marché si vite que tous les habitants y sont propriétaires, mais de quelle quantité? D'*un sillon*, suivant l'expression du pays, c'est-à-dire d'une bande de terre de 80 centimètres de largeur. Naturellement les moyens manquent pour cultiver si peu de terrain, et les propriétaires sont obligés de s'entendre pour que chacun à son tour cultive une certaine quantité de *sillons* réunis. Qu'en arrive-t-il? C'est que ce terrain est presque sans valeur, aucun de ceux qui en jouissent un an seulement et à tour de rôle n'y voulant faire les frais nécessaires d'engrais, main-d'œuvre et autres.

Je le répète, l'assurance sur la vie peut diminuer ce mal, sinon le détruire.

Elle est, en tous cas, un moyen puissant de moraliser les masses, et surtout de leur procurer la tranquillité, source de la stabilité.

Un ouvrier ou employé, père de famille, travaillera toute sa vie sans pouvoir amasser de quoi laisser à ses enfants une petite aisance, s'il vient à leur manquer. Il a été élevé lui-même dans la gêne, ses enfants y vivront et y tomberont plus avant encore quand il ne sera plus. Aussi quel souci ! quelle inquiétude ! Jamais il n'aura un instant de repos complet... Mais il entend parler de l'assurance sur la vie ; il l'étudie, et, séduit par cette opération, il s'assure pour un capital peu important, mais proportionné à ses ressources. Auparavant il ne faisait pas d'économies, se disant : A quoi bon ? je n'arriverai jamais à créer un capital. Maintenant, il sait que s'il meurt, sa famille sera à l'abri de la misère, et qu'avec le montant de son assurance elle pourra faire quelque chose pour se tirer d'affaire. Alors son inquiétude cesse, la confiance arrive et lui donne d'autant plus de courage qu'il n'avait pas d'espoir. Il travaille davantage, s'ingénie à gagner de l'argent et découvre souvent des moyens à côté desquels il passait sans les voir, tant il était rongé par les soucis. Plus tard, s'il trouve à entreprendre quelque commerce, un ami peut lui venir en aide en acceptant comme garantie sa police d'assurance... Que de commerçants, que de grands industriels ont eu des commencements aussi infimes et n'ont dû leur élévation qu'à la sécurité qu'ils obtenaient d'assurances sur leur vie et à la confiance qu'ils inspiraient grâce à cette opération éminemment prudente et désintéressée ! Ajoutons à cela l'effet moral que produit la conduite d'un homme qui ne craint pas de s'imposer une privation annuelle pour ne pas laisser sa famille dans la misère, montrant ainsi que l'égoïsme n'a pas desséché tous les cœurs.

En Angleterre, nul commerçant sérieux n'entreprendrait une industrie ou ne s'associerait avec un tiers sans souscrire sur sa tête une police d'assurance.

On m'a quelquefois demandé à quoi peut servir l'assurance entre associés ; je vais l'expliquer : Supposons le cas le plus habituel, une association entre deux personnes devant durer dix, quinze ans ; si, au bout d'une ou plusieurs années, l'une des deux vient à décéder, le survivant est obligé de supporter seul tout le fardeau des affaires, si même il peut continuer ; mais si l'associé décédé a laissé après lui, par contrat d'assurance, 100,000 francs, par exemple, cette somme tombe dans la caisse sociale et travaille au lieu et place de l'assuré ; à moins que le survivant ne préfère, au moyen des intérêts de cette somme, payer un employé capable de remplacer l'associé disparu, et se décharger ainsi d'une partie des affaires. A l'expiration de l'acte de société, le capital peut être rendu à la famille.

De même, très-peu de jeunes gens oseraient chercher à contracter un mariage sans s'être assurés.

Cette prudence commence à avoir chez nous des imitateurs, et il m'est arrivé de rencontrer quelquefois des jeunes gens qui n'avaient dû qu'à l'assurance sur la vie d'être acceptés comme gendres de commerçants qui, sans cela, les eussent repoussés.

A cet égard, je ne puis passer sous silence un fait tout récent et à ma connaissance.

Un fils de famille, après avoir mangé quatre successions, était tout près de la misère, quand, à trente-quatre ans, il lui tombe un cinquième héritage de 200,000 francs de rentes... mais viagères, sans capital, par conséquent avec l'impossibilité de se ruiner une cinquième fois. Rendu sage, il songe à *faire une fin*, à se marier; mais la chose n'était pas aussi facile qu'il le croyait, car aucune des familles auxquelles il s'adressait ne voulait pour gendre un homme pouvant mourir subitement et laisser sa famille sans fortune, puisque, avec lui, s'éteindrait la rente. Par une heureuse inspiration, il eut l'idée d'assurer sa vie pour une somme de 2 millions, moyennant une prime annuelle de 55,000 francs retenue et versée par le notaire chargé de lui payer sa rente. Avec les 145,000 francs viagers lui restant, il pourra vivre, et s'il meurt, sa femme touchera un minimum de 2 millions. — Le mariage s'est fait à cette condition. — Il y a eu *littéralement* transformation d'un usufruit en nue propriété.

Le caractère français est enjoué, mais bon et dévoué quand on sait faire appel à ses meilleurs sentiments ; ce qui le prouverait, s'il était nécessaire, est l'immense extension prise (malheureusement !) il y a vingt ou trente ans par les opérations tontinières. C'est par centaines de millions que peut se chiffrer le mouvement de ces affaires, qui, toutes, n'ont laissé que des déceptions. Si les primes versées dans ces sociétés avaient été employées à l'assurance sur la vie, *plus de cent mille familles* qui, aujourd'hui, sont dans la misère seraient dans l'aisance.

En Angleterre, le pays classique de l'assurance, tout le monde s'assure, et l'on n'attend pas pour cela d'être âgé ou père de famille : on comprend si bien que l'existence est une valeur soumise à une chance aléatoire, que, dès que l'on gagne un peu d'argent, on s'empresse d'éliminer cet inconnu, le hasard, ou du moins ses conséquences. Je connais un commerçant anglais, Israélite, âgé de 26 ans, marié, père d'un jeune enfant ; il s'est assuré dès l'âge de 19 ans, suivant en cela l'exemple de son père, employé dans la maison du prince de Galles, qui paye sa prime depuis déjà trente-deux ans, et celui de son grand-père qui, assuré à Londres pour 2,000 livres (50,000 francs), est mort après un assez grand nombre d'années, laissant une police accrue par les bénéfices jusqu'à 7,000 livres (175,000 francs).

Chez nous, en général, on n'est pas si pressé : on laisse les années s'écouler, et, pendant ce temps, les primes augmentent. A cet égard, il importe de prévenir le public contre une erreur dans laquelle il tombe souvent : certaines personnes, après avoir eu pendant plusieurs années l'intention d'assurer leur existence, finissent un jour par se décider, mais se félicitent de ne l'avoir pas fait quelques années plus tôt, puisque leurs primes n'auraient servi à rien, leur décès n'ayant pas eu lieu. Ce raisonnement est inexact, et voici en quoi : Quand une Compagnie fait payer à un assuré de 40 ans, par exemple, 3.29, et à un assuré de 50 ans 4.73, il ne faut pas croire qu'il y ait inégalité. C'est tout le contraire qui a lieu : En effet, la différence entre les deux primes indique le plus ou moins de chances de longévité, et chacun, en définitive, devra payer à la Compagnie la même somme pendant sa vie *probable*, c'est-à-dire que si l'homme de 40 ans a une trentaine d'années environ d'existence *probable*, il payera *probablement* 30 fois 3 fr. 29 pour assurer 100 francs, soit 90 fr. 70 ; — celui de 50 ans, qui a environ vingt ans d'existence devant lui, payera *probablement* 20 fois 4 fr. 73, soit 94 fr. 60, chiffre sensiblement égal au premier, mais supérieur. Il n'y a donc aucun avantage à attendre pour s'assurer, puisque l'on court soi-même la mauvaise chance que l'on aurait pu faire couvrir par la Compagnie assureur. Ajoutons à cela que l'on éloigne de plus en plus le moment où la prime doit s'éteindre.

Les chiffres ci-dessus ne sont pas les véritables, mais ils

suffisent pour donner une idée de la manière dont les Compagnies opèrent, et pour montrer qu'il y a *toujours* avantage à ne pas attendre pour s'assurer. En effet, de deux choses l'une : — ou l'assurance est une mauvaise opération, et il ne faut jamais la faire ; — ou au contraire elle est bonne, et alors il faut se hâter de s'assurer, de peur qu'une maladie grave ne survienne et ne rende l'assurance impossible.

Nos voisins comprennent tellement la valeur de l'assurance, qui est en définitive une des formes de l'association, qu'ils l'appliquent à tout : ils ont créé et généralisé l'usage des assurances contre les accidents. Aucun voyageur montant en chemin de fer n'oublierait de prendre son ticket d'assurance qui, pour quelques sous, garantit à lui s'il est blessé, à sa famille s'il est tué, une somme considérable. Je connais un entrepreneur de bâtiments, habitant le quartier de Monceaux, qui a reçu 10,000 fr. pour avoir eu en chemin de fer la première phalange d'un doigt écrasée par la brusque fermeture d'une portière.

Il existe même à Londres, m'affirme-t-on, une Compagnie faisant une assez curieuse assurance. Moyennant une prime unique versée au moment de leur mariage, elle garantit aux deux époux traitant avec elle une dot déterminée et proportionnelle à la mise, *pour chacun des enfants qu'ils auront, et quel qu'en soit le nombre*, au moment de leur majorité.

Nous sommes encore bien loin de cela, mais nous sommes en plein courant d'assurances : contre l'incendie, contre les sinistres de mer, contre la grêle, contre le bris des glaces, contre les accidents de voiture, contre les accidents du travail, etc.

Tout le monde les connaît grâce à leur titre, mais tout le monde ne sait pas que nous faisons à chaque instant de notre vie de l'assurance sans nous en douter. — Que sont en effet :

La retenue opérée sur les traitements des employés d'administration? L'assurance contre la misère du vieil âge.

La surtaxe de 10 c. par chaque cent francs que nous payons à la poste pour envoi de valeurs déclarées ? — L'assurance contre la perte de la valeur expédiée.

La série des endos aux billets à ordre et lettres de change ? — Une assurance contre le non-payement de l'effet.

Les caisses de secours mutuels? — L'assurance contre les maladies et le manque de soins médicaux.

Le ministère de la justice lui-même (pour ne considérer que celui-là), qu'est-il en réalité, sinon une vaste assurance mutuelle contre les imperfections de la nature humaine ?

Nous autres Européens sommes fiers d'avoir découvert cette force nouvelle, l'association, dont une des formes, l'assurance, est très-certainement destinée à changer la société moderne. Eh bien! force nous est de reconnaître que nous avons été devancés par les Chinois. En effet, l'assurance est florissante dans l'Empire du Milieu, et laquelle? nous n'y avons pas encore songé, — l'assurance contre le vol. La voici en quelques lignes, et je l'offre aux méditations de la Compagnie des voitures de place :

En Chine, les entrepreneurs de palanquins, obligés d'avoir un personnel nombreux, ont mis à exécution une idée assez originale pour se garantir contre les détournements. Quand un voyageur descend de son palanquin, le premier porteur est obligé de lui remettre, en échange du prix qu'il en reçoit, un nombre de billets égal à celui des quarts d'heure pendant lesquels il l'a occupé : chacun de ces billets, détaché d'une souche, concourt, à la fin du mois, au tirage d'une loterie dont les lots ont assez d'intérêt pour que l'on prenne soin de conserver les numéros. Les entrepreneurs font ainsi une perte sèche, celle du prix des lots, mais ils la connaissent, faisant ainsi la part du feu, et rendant impossibles toutes les fraudes auxquels sont sujets, paraît-il, messieurs les porteurs de palanquins dans l'empire du Milieu... Je suppose que ce défaut ne se rencontre que dans ce pays éloigné.

## DE L'ASSURANCE MIXTE.

Bien souvent, et à bout d'arguments, certaines personnes finissent pas dire : « D'ailleurs l'assurance sur la vie est trop chère, et puis je ne reverrai jamais les sommes que j'aurai versées. » — « Vous êtes assuré contre l'incendie, n'est-ce pas ? » — « Évidemment. » — « Vous avez fait acte de prudence, mais vos meubles, vos marchandises ne seront pas inévitablement brûlés ; l'incendie n'est que possible, tandis que le décès est forcé. Vous verserez pendant 20, 30, 50 ans, je suppose, vos primes, et si vous n'êtes pas incendié, vous ne reverrez cependant jamais les sommes versées ! » — « Oh ! mais c'est tout différent, les primes d'incendie sont bien moins chères que celles de l'assurance sur la vie. » — « Si pourtant je vous prouvais chiffres en main que les primes de cette dernière sont moins élevées ! » --- « Oh ! alors je n'aurais plus rien à objecter. »

Cette preuve, je vais la donner au lecteur, mais auparavant, il me faut lui expliquer une nouvelle combinaison, *l'assurance mixte.*

Dans cette opération, la Compagnie s'engage à payer la

capital, *soit à l'assuré lui-même* s'il atteint un certain âge fixé d'avance, *soit à sa famille* s'il meurt auparavant, fût-ce le lendemain du versement de sa première prime.

Supposons un homme de 30 ans : s'il fait l'assurance payable au décès seulement, la prime sera de 2,50 p. 100, c'est-à-dire 2,500 francs versés annuellement pendant toute sa vie assurent un capital *minimum* de 100,000 francs payable à sa famille, à quelque moment qu'arrive son décès, indépendamment de sa participation aux bénéfices, qui peuvent doubler le capital assuré en vingt et quelques années.

S'il fait l'assurance mixte pour vingt-cinq ans, la prime sera plus chère, elle sera de 4 p. 100, c'est-à-dire qu'en versant pendant vingt-cinq ans 4,000 francs à la Compagnie, celle-ci s'engage à payer une somme *minimum* de 100,000 francs *soit à sa famille* s'il vient à décéder (et alors tout payement de primes cesse) — *soit à lui-même* s'il existe vingt-cinq ans plus tard. Admettons qu'il atteigne l'âge fixé, cinquante-six ans, et qu'il ait laissé ses bénéfices augmenter son capital assuré, ce dernier peut être doublé — il touchera 200,000 francs et aura versé vingt-cinq fois 4,000 francs, c'est-à-dire 100,000 francs. Il aura donc ainsi fait un placement de fonds à 5 p. 100 capitalisés, *indépendamment* de la certitude qu'il aura eue pendant vingt-cinq ans de laisser à sa famille une somme *minimum* de 100,000 francs... — Il aura été assuré *gratis* pendant vingt-cinq ans, tout simplement.

« Mais, dira-t-on, nous n'avons pas confiance dans les bénéfices des Compagnies, car rien ne nous garantit qu'elles en fassent toujours ? »

L'objection a été prévue et les Compagnies acceptent l'assurance avec une réduction de 10 p. 100 sur la prime quand on renonce aux bénéfices. Supposons que notre assuré ait fait son traité dans ces conditions : au lieu de 4,000 francs, il n'en paye que 3,600. En vingt-cinq ans il aura versé 90,000 francs et en touchera 100,000 ; — il aura été assuré *gratis pendant un quart de siècle* et aura encore 10,000 francs de boni.

Faisons maintenant le parallèle entre la prime d'incendie et la prime de vie, et voyons à laquelle restera l'avantage comme bon marché : Vous avez assuré votre mobilier pour 100,000 francs, je suppose ; à 3/4 p. 100 c'est 75 francs : vous avez payé votre prime pendant vingt-cinq ans et n'avez pas été incendié ; vous avez versé en principal et intérêts capitalisés 3,758 fr. 53 c. qui sont complétement perdus sauf la sécurité que vous aurez eue pendant vingt-cinq ans.

Dans l'assurance mixte, vous avez assuré votre vie pour 100,000 francs, vous en avez versé 90,000, vous en touchez 100,000, c'est-à-dire que vous ne perdez *absolument rien*, que vous rentrez dans les sommes versées et dans les intérêts de ces sommes.

Autre chose : dans l'assurance contre l'incendie, vous êtes assuré pour 100,000 francs, mais si vous n'êtes sinistré que dans vingt-cinq ans vous toucherez bien moins de 100,000 francs, votre mobilier ayant chaque année perdu de sa valeur et les Compagnies ne devant payer que la valeur réelle.

Dans l'assurance sur la vie, pas de réduction, au contraire. Enfin à l'avantage de cette dernière, citons encore l'agrément qu'elle présente de ne contraindre jamais au payement des primes, tandis que dans l'incendie vous êtes engagé pour dix ans, il vous faut payer pendant dix ans, sous peine de poursuites.

Le succès d'une excellente opération ne dépend bien souvent que de la manière dont elle est présentée ; je serais curieux de voir l'effet que produirait une réunion de financiers annonçant au public une opération conçue dans des termes analogues à ceux-ci :

« La Compagnie des capitalistes réunis offre une maison
« de 100,000 francs livrable dans vingt-cinq ans à tout
« homme de bonne santé âgé de vingt à quarante ans
« qui lui versera 3,600 annuellement pendant la période
« sus indiquée. S'il meurt avant cette époque, sa famille
« sera immédiatement propriétaire de la maison. »

Je crois que pas un seul homme capable de mettre de côté 3,600 francs par an n'irait porter son argent ailleurs.

C'est une idée que je livre aux capitalistes en quête d'opérations sérieuses, morales, et en même temps lucratives. Ce n'est tout simplement que l'assurance mixte.

Je vais leur en offrir une autre qui est appelée tôt ou tard à donner lieu à une immense opération ; c'est la création d'une société analogue au Crédit foncier, mais prenant l'existence humaine comme point de départ et la considérant comme un bien-fonds. Naturellement l'assurance sur la vie doit en être la base. Quelques lignes d'explication vont me faire comprendre.

Combien de fois ne trouvons-nous pas dans nos connaissances, dans nos relations, des personnes dont le cerveau fécond enfante des merveilles ? Leurs inventions sont quelquefois excellentes, et, pour les faire connaître, il ne manque qu'une chose, de l'argent. La publicité coûte fort cher, et, pour qu'elle soit avantageuse, il faut qu'elle soit abondante et prolongée : une invention bonne par elle-même ne sera jamais productive pour son auteur ni pour le public si elle n'est connue ; mais, comme souvent les inventeurs sont plus riches d'idées que d'argent, et que les hommes de finance n'ont généralement pas l'organisation ouverte aux créations mécaniques ou industrielles, il en résulte que l'invention non fécondée par le capital est souvent étouffée dans son germe.

Toujours ou presque toujours l'inventeur a dans ses relations des personnes qui le comprennent, mais dont la position de fortune modeste ne leur permet pas de retirer en une seule fois de leurs affaires la somme nécessaire. Si leur signature suffisait pour lui faire obtenir un crédit, et si, surtout, en cas de non-réussite, ils n'étaient pas obligés de rembourser la totalité d'un seul coup, ils n'hésiteraient pas !

Eh bien ! là encore l'assurance sur la vie peut être d'un immense secours et permettre de faire un prêt en toute sécurité. Tous les calculs à cet égard sont faits ; mais, comme j'ai promis de ne pas fatiguer le lecteur, je vais en peu de mots expliquer cette combinaison.

Il s'agirait de fonder une maison de banque organisée spécialement à cet effet (appelons-la, si l'on veut, *le Crédit des Assurés*), prêtant sur une police d'assurance sur la vie 60 p. 0/0 du capital assuré, pourvu que l'emprunteur fournisse deux cautions garantissant le payement successif des primes d'assurance pendant vingt ans, sinon le remboursement du capital prêté en cas de non-acquittement desdites primes.

Si l'assuré meurt avant l'époque indiquée ci-dessus, le prêteur touche le montant de l'assurance, et il ne lui est plus rien dû par personne, les cautions sont annulées ; si au contraire il vit encore vingt ans après, il est libéré et ne doit plus rien au prêteur qui a fait entrer dans ses calculs celui de l'amortissement de son capital ; de cette façon, l'emprunteur aura trouvé de l'argent qui ne lui aura pas coûté trop cher, et le capitaliste aura fait une bonne opération (1).

(1) Une Compagnie d'assurances sur la vie à Paris est en voie de réaliser cette idée en créant une caisse de prêts viagers.

Pendant que j'en suis aux relations qui peuvent, grâce à l'assurance sur la vie, prendre naissance entre emprunteur et prêteur, je ne veux pas laisser passer l'occasion de signaler aux *tiers porteurs* d'un contrat d'assurance *fait au profit de la famille*, et simplement *endossé* par le débiteur, l'utilité de se faire opérer régulièrement la transmission du contrat, par un acte spécial expliquant les causes et motifs du transfert ; sinon, en cas de décès de l'assuré, le créancier pourrait courir le risque de voir passer aux héritiers naturels le montant de l'assurance.

La jurisprudence n'étant pas encore parfaitement fixée à cet égard (à raison du silence de la loi), il sera toujours prudent de prendre ses précautions et de ne pas se contenter d'un simple endos en blanc (1).

J'attendais avec assez d'impatience cette partie de mon travail pour répondre à la question que m'ont faite bien souvent les mères de famille quand je les dissuadais de jamais faire l'assurance ( ou soi-disant) sur la tête de leurs enfants : « Mais enfin il n'existe donc pas, dans vos assurances, un moyen de constituer une dot à nos enfants ? — Si, mesdames, il existe, ce moyen, parfaitement sûr et dépourvu de toute chance aléatoire. — C'est l'assurance mixte. Vous voulez avoir dans vingt-cinq ans ou dans vingt ans une somme qui vous permette d'établir votre fils ou de doter votre fille ? — Que votre mari fasse une assurance mixte de la somme qu'il juge nécessaire pour ce moment : s'il atteint l'âge fixé, il touchera la somme et la remettra à ses enfants : s'il a cessé de vivre avant cette époque, son but sera rempli quand même, puisque sa famille touchera le capital assuré.

(1) Le lecteur trouvera à la fin de cette brochure un resumé très-concis de l'état de la jurisprudence française en matière d'assurance sur la vie.

Malgré cet avantage de l'assurance mixte, je donne presque toujours le conseil de faire d'abord l'assurance en cas de décès, parce que la prime est moins chère, et, au bout de cinq ou dix ans je suppose, de la transformer en assurance mixte, en remboursant à la Compagnie les différences de primes et continuant de payer suivant le tarif mixte jusqu'à la fin du contrat. Par exemple : vous avez trente-cinq ans et voulez recevoir votre capital à cinquante-cinq : la prime d'assurance mixte est d'environ 5 p. 0/0. Faites d'abord l'assurance en cas de décès dont la prime est de 2 fr. 80 c. Supposons une assurance de 10,000 francs pour simplifier les calculs : si vous voulez transformer votre contrat au bout de dix ans, vous avez versé à la Compagnie 10 fois 280 francs, soit 2,800 francs ; vous auriez dû payer, pour l'assurance mixte, 10 fois 500 francs, c'est-à-dire 5,000 francs ; vous remboursez la différence : 2,200 francs et les intérêts capitalisés, et vous continuez à payer 500 francs par an jusqu'à votre cinquante-cinquième année, époque à laquelle vous rentrez dans tout ce que vous avez versé. L'avantage pour l'assuré, dans ce cas, est d'abord qu'il a pendant dix ans couvert le même risque avec un versement moindre (280 au lieu de 500), et en outre que chaque année il a pu placer lui-même la différence 220 à un taux plus élevé que ne peut et ne doit le faire une Compagnie.

Avant de quitter l'assurance mixte, qu'il me soit permis de citer une application assez originale qui en été faite par un commerçant établi à Paris (mais natif des environs de Rouen), pour éluder les conséquences de son contrat de mariage, fait sous l'empire du régime dotal.

Sa femme lui avait apporté en dot environ 18,000 francs de rentes en propriétés rurales. Après s'être fait expliquer l'assurance mixte, il s'assura lui-même pour 200,000 francs payables à sa veuve s'il décédait avant l'âge de cinquante ans, mais à lui-même s'il atteignait cet âge, la prime devant être prélevée sur les revenus de sa conjointe. Pour être parfaitement certain du résultat, il renonça à la participation dans les bénéfices et n'eut à payer que 3,726 p. 0/0 au lieu de 4,140 (de 26 à 50 ans), soit, pour 200,000 francs, 7,452 francs. Il a atteint sa cinquantième année et a touché ses 200,000. De quoi sont-ils composés ? Des revenus de sa femme. A Normand, Normand et demi.

Citons maintenant, d'après les prospectus fort bien rédigés d'une de nos grandes Compagnies, quelques positions auxquelles s'applique l'assurance sur la vie :

« A tout le monde, y est-il dit, mais surtout *au père de famille, avocat, médecin, artiste, homme de lettres, commerçant, négociant ou industriel*, à toute personne, en un mot, dont la mort prématurée peut être pour les siens une cause de gêne, de ruine ou de misère ; »

« *Aux fonctionnaires publics, aux employés, aux magistrats, aux pensionnaires de l'État*, dont le traitement ou la pension doit s'éteindre avec eux ; »

« *A l'époux*, soit qu'il veuille, au moyen d'une assurance sur sa tête, mettre la dot de sa femme à l'abri de toute éventualité, soit qu'au moyen d'une assurance sur la tête de sa femme, il veuille se prémunir contre les embarras ou la gêne auxquels pourrait l'exposer l'obligation de restituer la dot qu'il a reçue ; »

« *Au mari et à la femme mariée* qui veulent, sans préjudicier à leurs héritiers, s'avantager mutuellement, ou avantager un ou plusieurs de leurs enfants ; »

« *Au fils, soutien de parents agés*, qui par sa mort se trouveraient privés de toutes ressources ; »

« *Au grand propriétaire* qui, pour éviter le morcellement ou la vente de son héritage, veut fonder, à côté de sa propriété foncière, un capital en numéraire qui, augmentant sa succession, permettra de la répartir entre ses héritiers sans dénaturer le domaine patrimonial ;

« Enfin, dans un autre ordre d'idées, pour *l'homme riche et bienfaisant*, l'assurance en cas de décès accroîtra considérablement les ressources dont il pourra disposer sans frustrer ses héritiers, pour laisser après lui des témoignages de sa libéralité en fondations pieuses ou charitables. »

---

## DES PRINCIPALES CAUSES D'INSUCCÈS POUR LES ASSURANCES SUR LA VIE.

Il me reste maintenant à étudier les causes qui ont entravé et arrêtent encore l'extension des assurances sur la vie.

Je crois qu'il faut les voir d'abord dans la longue suite de guerres et la rivalité qui ont toujours divisé la France et l'Angleterre, jetant la défiance dans chaque pays sur ce qui venait de l'autre. Cela est tellement vrai, que, même avant la révolution de 1789, en France, où les lois et les mœurs attribuaient au père le droit de laisser toute sa fortune à l'aîné, on ne cite pas un membre de la noblesse qui ait eu l'idée de créer à ses enfants puînés un patrimoine au moyen de l'assurance. Et celle-ci existait en Angleterre depuis 1702 ! — Il est bien évident que la cause ci-dessus est indiquée au point de vue du passé, puisque, comme je l'ai dit déjà, nous sommes maintenant en plein courant d'assurances.

Une autre cause d'arrêt provient de l'immense extension
prise, au commencement de ce siècle, par les tontines, sous
le nom d'assurances mutuelles, et que j'ai fait connaître
au début de cette notice. Que de défiances elles ont provo-
quées, détournan tl'épargne de sa voie la plus rationnelle!
Que de fois n'ai-je pas entendu dire : « L'assurance sur la
vie, je la connais trop, j'y ai été pris et ne m'y ferai plus
reprendre. J'ai versé pendant dix ans, j'ai perdu mon enfant, et avec lui les sommes versées. » — Ou bien : « J'ai
été asssuré par mes parents, et, à ma majorité, on n'a
presque rien touché en outre des sommes versées. »

Toujours l'assurance sur la vie confondue avec la tontine, et, ce qu'il y a de très-curieux, c'est qu'elles sont le
contraire l'une de l'autre comme nous l'avons vu plus
haut.

Une cause enfin et dont on serait bien loin de se douter,
est l'influence de la femme. Le mari se fatigue le corps et
l'esprit pour laisser quelque chose à sa famille ; il ne sait
pas si la mort ne le surprendra pas avant qu'il ait atteint
son but ; il trouve sur sa route une opération qui lui donne
la quiétude d'esprit qui lui manque ; il en parle à sa femme,
et, chose étrange! c'est elle qui l'en détourne, elle en faveur de qui l'assurance a été créée pour la mettre à même
d'élever sa famille en cas de malheur; elle qui devrait être
l'auxiliaire le plus puissant de l'assurance ! C'est qu'il y a
chez la femme un excès de délicatesse qui lui fait craindre
ce qui lui paraît un jeu sur la tête de son mari. Elle ne se
rend pas compte qu'en l'empêchant de s'assurer, elle lui
fait jouer contre le hasard une partie terrible dont son
avenir à elle et celui de ses enfants sont l'enjeu. Elle croit
lui donner une preuve d'affection en lui montrant qu'après
lui elle ne tient plus à rien. Et ses enfants ! A-t-elle le
droit de ne pas songer à eux? Le désintéressement est

une magnifique chose, mais à la condition qu'il ne soit pas une cause de souffrance pour les êtres que l'on a mis au monde. Quelques-unes même, poussées par une crainte puérile et superstitieuse, supplient leurs maris de ne pas s'assurer, *de ne pas tenter la Providence*. La meilleure réponse à faire à ces terreurs irréfléchies est celle-ci : Toutes les Compagnies d'assurances sur la vie, chacun le sait, font de grands bénéfices ; si elles perdaient beaucoup d'assurés, il n'en serait pas de même. En outre, la vie moyenne, calculée d'après les existences assurées est *de beaucoup supérieure* à celle établie sur l'ensemble des décès d'après les tables de mortalité. Le fait même qu'un assuré est accepté par une Compagnie est donc pour lui une présomption de longue vie.

Il y a même plus : la plupart des personnes dont les propositions ont été refusées par les Compagnies sont atteintes de maladies dont elles ne se doutent pas. Ce refus leur ouvre les yeux, appelle leur attention sur leur santé, à laquelle elles donnent des soins, et très-souvent elles se guérissent ainsi d'un mal latent qui les aurait emportées s'il n'avait été signalé.

Que les mères de famille y réfléchissent bien, qu'elles étudient cette question avec sang-froid, et je leur affirme qu'elles seront les premières à répandre l'opération financière la plus morale et la plus désintéressée qui existe.

Qu'il me soit permis, en terminant, de demander à nos Compagnies nationales s'il ne leur serait pas possible d'introduire dans leurs contrats une clause grâce à laquelle la somme assurée serait payée, après un certain nombre de primes versées, en cas de décès par suite de duel, suicide ou condamnation judiciaire.

Deux Compagnies étrangères ayant succursale à Paris, et que je ne nommerai pas, n'ayant pas l'intention de faire une réclame, payent dans ces trois cas, pourvu que le contrat ait trois ou cinq ans d'existence.

Pourquoi nos Compagnies françaises n'en feraient-elles pas autant?

Je crois savoir que le Conseil d'Etat ne les a autorisées qu'à condition de ne pas payer quand le décès aurait lieu dans ces conditions.

Mais a-t-il bien étudié la question?

Je ne prendrai la défense d'aucun de ces genres de mort; mais n'y a-t-il pas certains cas où la loi est impuissante, et où l'honneur de la famille met les armes à la main?

Ne peut-on pas être victime d'une erreur judiciaire?

N'y a-t-il pas des suicides causés par des accès de fièvre chaude?

Croit-on qu'il soit possible d'avoir trois ou cinq ans d'avance l'intention de se détruire pour laisser une somme à sa famille?

Dans ce cas-là même, je serais rempli d'indulgence pour le suicide, et je prétends que l'homme qui a eu assez de force de caractère et de dévouement pour payer sa prime pendant trois ou cinq ans, ayant constamment devant les yeux le moment où il lui faudra accomplir son sacrifice, celui-là a bien mérité par ses souffrances morales de laisser sa famille hors de la misère !

La contagion de ces dévouements-là n'est pas à craindre.

Enfin n'y a-t-il pas souvent encore des décès brusques ressemblant à un suicide ?

Quelle souffrance pour la famille assistant quelques jours après une mort subite à l'enquête possible sur les causes du décès, sur la situation pécuniaire du décédé, sur ses antécédents, etc. !

Quelle gêne pour l'assuré lui-même que de sentir constamment suspendue sur sa tête une recherche semblable !

En introduisant la clause que je demande, on fermerait la porte à toute espèce de procès, à toute discussion, à toute défiance de la part du public ; j'ai, du reste, la ferme conviction que tôt ou tard nos Compagnies d'assurances sur la vie pourront lever ce dernier obstacle.

Bien que les opérations de rente viagère, pas plus que celles de la Tontine, n'aient aucun rapport avec l'assurance sur la vie, puisque celle-ci est une opération désintéressée et toute d'affection, tandis que le rentier viager ne songe qu'à lui-même, je ne veux pas fermer ce livre sans dire quelques mots — aux rentiers viagers — et aux personnes qui seraient tentées de faire l'achat d'une propriété en rente viagère. — Aux premiers je donnerai le conseil de s'adresser *toujours* aux Compagnies d'assurances sur la vie ; d'abord parce que les Compagnies peuvent, sans courir de risques, donner un intérêt plus élevé qu'un particulier, par la raison que leurs opérations, roulant sur un vaste chiffre, se compensent les unes par les autres. De plus, le simple particulier peut faire faillite ou son bien être grevé d'une inscription légale inconnue, et dans ce cas, le rentier viager est exposé à figurer au passif comme créancier chirographaire, et à perdre une partie de son avoir (1). En admettant même qu'il ne perde rien, il court la chance d'être privé temporairement de sa rente, ce qui ne laisse pas que d'être désagréable, tandis qu'avec les Compagnies pas de faillite possible.

Quant au simple particulier qui serait tenté d'acheter, soit un immeuble soit une somme d'argent en rente viagère, le conseil que je me permettrai de lui donner, c'est de n'en jamais rien faire. D'abord, parce que le rentier viager peut vivre fort longtemps, et le ruiner (j'en ai vu des exemples), et ensuite parce qu'il n'est pas certain lui-même de survivre au rentier. Si, en effet, il meurt avant ce dernier, sa famille, qui ne l'a plus pour la faire vivre et pour payer la rente viagère, tombe dans la gêne, est obligée de résilier le traité fait, et c'est souvent pour elle la ruine.

(1) Exemple : affaire veuve Wallet c. Anty et Lepetit, ci-après p. 56.

Pour me résumer en quelques mots :

*Ne faites jamais la soi-disant assurance sur la tête de vos enfants,*

*N'achetez jamais une propriété ou somme d'argent à rente viagère.*

*Mais faites au contraire l'assurance qui **assure**. Et surtout faites-la le plus tôt possible.*

## ÉTAT ACTUEL DE LA JURISPRUDENCE EN MATIÈRE D'ASSURANCES SUR LA VIE.

Dans la première édition de cette brochure (février 1868) j'annonçais un travail sur l'état actuel de la jurisprudence en matière d'assurances sur la vie. La publication d'un véritable traité de législation et de jurisprudence spéciales de plus de 200 pages faites par le *Moniteur des assurances*, m'avait déterminé à détruire le résumé de mes recherches ; mais des amis m'ayant démontré que loin de faire double emploi, celui-ci pouvait être plus commode pour les personnes qui n'ont pas le temps de lire un volume in-8°, je me suis rendu à leur avis, persuadé que ceux de mes lecteurs que cela n'intéresse pas sauront bien se dispenser de le lire. J'ai fait mes efforts ponr condenser en peu de mots le résumé de 104 jugements ou arrêts. Je désire vivement que les notions qu'ils contiennent soient appréciées par tous ceux qu'intéresse l'assurance sur la vie, et spécialement par les commerçants et les hommes de loi qui deviendront sous peu, je l'espère, ce qu'ils sont en Angleterre, c'est-à-dire les plus fermes soutiens et les plus sérieux propagateurs de cette opération.

Le 3 novembre 1787, une Compagnie d'assurances sur la

vie était autorisée en France à se constituer sur la même base que celles d'Angleterre. Le roi s'étant fait rendre compte de ces opérations avait déclaré que « ces sortes d'assu-
« rances liant utilement le présent à l'avenir ramèneraient
« ces sentiments d'affection et d'intérêt réciproques qui font
« le bonheur de la société et en augmentent la force. »
Cependant la Compagnie ainsi autorisée ne fonctionna que peu de temps : les esprits n'étaient pas encore mûrs.

Le 11 juillet 1818, le Conseil d'État (consulté pour l'approbation des statuts de la Compagnie générale) a déclaré
« que les opérations d'assurances sur la vie étaient licites
« et légales ; — que ce genre de contrat peut être assimilé
« aux contrats aléatoires permis par le Code civil ; qu'il est
« même plus digne de protection que la rente viagère. —
« *C'est un sentiment bienveillant et généreux* qui porte le
« souscripteur à s'imposer des sacrifices annuels pour assu-
« rer aux objets de son affection une aisance dont sa mort
« pourrait les priver. »

Enfin un arrêt de la cour de Limoges du 1er décembre 1836, a reconnu la validité des assurances sur la vie comme constituant un contrat aléatoire (1). La légalité de ces opérations est donc désormais à l'abri du doute.

---

*Assurance sur la vie d'un tiers.* — *Le bénéficiaire d'une assurance contractée sur la vie d'un tiers doit-il avoir un intérêt dans la vie de ce tiers ? — L'opération contractée sous cette condition doit-elle être considérée comme un jeu, et annulée comme immorale ?*

Les sieurs Levert et Ledoux avaient, en novembre 1847, assuré l'existence de M. Michel Alphonse-Chevalier, huissier

(1) Arrêt de la cour de Paris du 13 décembre 1851.

à Paris, pour : 1° 20,000 francs au profit de Levert ; et 2° 50,000 francs au profit de Ledoux.

Le tribunal de commerce de la Seine considérant l'opération par eux faite comme une spéculation sur la vie de Chevalier, comme un véritable pari, l'avait annulée par jugement du 24 juin 1850 (après décès de Chevalier), la Compagnie assureur étant simplement tenue à rembourser à Levert et Ledoux le montant des primes versées ainsi que les intérêts.

Sur l'appel de Ledoux, la cour de Paris, dans ses audiences des 10, 12 et 13 décembre 1851, a cassé le jugement du tribunal de commerce en se fondant sur le motif que Chevalier avait donné son consentement à l'opération faite sur sa vie ; que cette convention n'offre rien d'illicite et de contraire aux lois ; qu'on ne peut l'assimiler à un pari puisqu'il existait de part et d'autre une dette sérieuse ; que cette convention est aléatoire, il est vrai, en ce sens que, suivant les circonstances, la dette de chacun des parties indistinctement peut devenir plus onéreuse pour l'un que pour l'autre des contractants, mais qu'elle n'en doit pas moins être rangée dans la classe des contrats commutatifs *do ut dés*, puisque l'un donne une somme d'argent dont le *minimum* est déterminé et dont le *maximum* résultera d'un événement certain.

*Non-représentation de la police. Délai de la prescription à l'égard des tiers porteurs.*

Par le même arrêt, la cour a décidé que la dame Chevalier ne présentant pas un autre contrat fait en sa faveur par son mari, le montant de l'assurance resterait déposé à la Caisse des consignations pendant trente ans à compter du décès de l'assuré. A l'expiration de ce délai, si aucun tiers porteur ne se présente, la dame Chevalier pourra toucher la somme déposée.

La cour de cassation, en son audience du 6 juillet 1852 (chambre des requêtes), a cassé l'arrêt ci-dessus en déclarant que l'assurance sur la vie d'un tiers dégénère en jeu ou pari lorsque l'assuré n'a pas d'intérêt à la conservation de la vie de celui sur la tête duquel l'assurance a été faite.

Enfin un autre arrêt de la cour de cassation du 14 décembre 1853 (chambre civile) a jugé *que le consentement d'une personne à l'assurance faite sur sa tête au profit d'un tiers, doit faire supposer un intérêt légitime à l'assurance,* la condition de ce consentement, imposée par l'autorité supérieure aux Compagnies d'assurances et aux particuliers qui traitent avec elles, ayant eu notamment pour but de constater, au moment de la formation du contrat, les rapports d'intérêt entre le tiers sur la vie duquel l'assurance est faite et celui qui doit en profiter, et de prévenir ainsi des recherches ultérieures, le plus souvent impossibles (à raison de la nature particulière de cette assurance), toujours inquiétantes pour le repos des familles et les secrets de la vie privée ;

L'intérêt légitime de la convention, ainsi reconnu par les parties dans cette convention même, ne pouvant plus, *sauf le cas de fraude,* être mis en question par l'une d'elles ni par la justice...

Et rejeté le pourvoi formé à l'arrêt de la cour de Paris du 13 décembre 1851 (1).

---

(1) Néanmoins en l'état actuel de la législation, il est prudent de n'assurer une somme sur la vie d'un tiers que lorsqu'on a intérêt à la conservation de ce tiers.

ASSURANCE AU PROFIT D'UN TIERS. — HÉRITIERS CRÉANCIERS.

*L'assurance sur la vie contractée au profit d'un tiers n'est ni une donation soumise aux formalités de la donation entre-vifs ou testamentaires ni un don manuel. — Les créanciers ou les héritiers de celui qui a contracté l'assurance ne peuvent donc exercer aucun droit sur la somme que l'assureur s'est obligé à payer.*

*Les créanciers ne pourraient même réclamer les annuités payées par leur débiteur de son vivant, en prétendant que ces annuités ont été payées en fraude de leurs droits, que si les sommes ainsi payées étaient tellement considérables qu'il fût impossible de les considérer comme des dépenses d'entretien ou comme ayant un caractère alimentaire à l'égard du tiers en faveur duquel l'assurance a été contractée.*

Le sieur Hénon s'était assuré le 24 juin 1847 à la Compagnie la Providence en faveur de la demoiselle Duchesnoy pour une somme de 20,000 francs moyennant une prime annuelle de 537 fr. 70 c. — Il est décédé le 28 août 1849, ayant versé trois primes s'élevant ensemble à 1,613 fr. 10 c; la dame veuve Hénon mère, agissant comme créancière de la succession de son fils, a formé entre les mains de la Compagnie opposition à la délivrance de la somme de 20,000 francs. Le tribunal civil de la Seine, par son jugement du 24 mars 1850, l'a déboutée de son opposition, se fondant sur ce que la somme de 20,000 francs n'était jamais entrée dans la succession du sieur Hénon, et que les créanciers n'ont jamais dû compter sur cette somme pour le payement de leurs créances; — qu'ils ne peuvent même réclamer le remboursement des primes versées à raison de leur modicité, attendu que cette somme prise sur les besoins de la famille n'aurait pas été trouvée dans la succession de Hénon si elle n'avait pas été versée à la Compagnie d'assurances (1).

---

*Prime quérable.—Bien que, d'après les termes d'une police d'assurance sur la vie, la prime doive être acquittée par l'assuré au domicile de la Compagnie, si cette dernière s'est conformée à l'usage général des autres Compagnies en faisant toucher la prime au domicile de l'assuré, la prime devient quérable. L'assureur ne peut dès lors opposer à l'assuré le non-payement de la prime dans les trente jours s'il n'a pas fait présenter la quittance chez son client.*

Cassation, 15 juin 1852. — *La France* c. héritiers Chevalier. — Jugé de même par arrêt de la cour de Paris du 15 juillet 1854, confirmé par arrêt de cassation du 15 mai 1855, *La Nationale* c. Huet de Barochez.

---

### RESPONSABILITÉ DE LA COMPAGNIE.

*Une Compagnie d'assurance sur la vie peut être déclarée civilement responsable des faits de ses agents lorsqu'ils constituent une faute lourde.*

Le nommé Amouroux s'étant présenté à la demoiselle Hugues, porteur d'une police émise par la Concorde et s'étant fait remettre par elle la somme de 842 francs, a disparu avec cet argent. La Compagnie a été condamnée comme civilement responsable.

(1) Jugé de même par la cour impériale de Lyon, le 2 juin 1863, aff. Bouvard c. veuve Bouvard.

Tribunal civil de la Seine. — Audience des 16 et 23 décembre 1852.

------------

## PRIME NON PAYÉE.

*L'assuré qui n'a point payé sa prime dans le délai imposé par la police est privé du bénéfice de l'assurance, sans qu'il soit besoin de mise en demeure.*

Tribunal de commerce de la Seine. — 22 novembre 1853.

------------

## SUICIDE. — DELIRIUM TREMENS.

*Le suicide causé par le delirium tremens ne doit pas être considéré comme un suicide volontaire, par le motif que celui qui se donne la mort dans un accès n'a pas conscience de ses actes et ne jouit pas de son libre arbitre.*

*En conséquence le contrat d'assurance ne doit point être résilié dans ce cas.*

Tribunal civil de la Seine (2ᵉ chambre), 25 juillet 1854.

------------

*Transfert d'une police par endossement — faillite — nullité du
transfert à l'égard des tiers.*

*La cession d'un contrat d'assurance par voie d'endossement
n'est-elle valable à l'égard des tiers qu'après l'accomplisse-
ment des formalités prescrites en l'article 1690. C. civ. ?*

La dame Nourtier, assurée le 18 novembre 1839 pour
une somme de 20,000 francs, a cédé son contrat par voie
d'endossement aux sieurs Hombert et compagnie qui l'ont
transmis par la même voie à M. Thurneyssen. — La dame
Nourtier est tombée en faillite, et M. Lefrançois son syndic
a réclamé la restitution de ce titre. Le tribunal de commerce de la Seine (audience du 17 décembre 1855) a admis
cette réclamation, déclarant que les défendeurs ne pou-
vaient être saisis à l'égard des tiers que par la signification
du transport faite au débiteur, conformément à l'article 1690 du Code civil.

Ce jugement consulaire ayant été frappé d'appel, la cour
de Paris par son arrêt du 12 février 1857 l'a mis à néant,
par le motif que l'acte soumis à l'appréciation de la cour
est un transfert par endossement, causé pour avances
d'argent non contestées, et ne présente aucun des caractères
du nantissement : mais que dût-il être considéré ainsi, il
s'agirait d'un nantissement commercial consenti entre négo-
ciants, affranchi, conséquemment, par l'article 2084 C. civ.
des formalités prescrites par les articles 2074 et 2075, et
empruntant à la forme extérieure du titre qui en est l'ob-
jet le privilége de s'opérer par la simple voie de l'endossement.

La cour de cassation a admis le pourvoi du syndic
Lefrançois contre cet arrêt. Ch. civ. 4 mars 1857.

(Il ne m'a pas été donné de connaître les suites de cet arrêt de cassation, et je le regrette fort, car il laisse subsister une entrave dans l'usage d'un contrat qui *rend si souvent d'immenses* services au commerce.)

---

### FEMME MARIÉE. — AUTORISATION.

*Une femme, bien qu'autorisée par son mari à faire le commerce, ne peut, sans une autorisation spéciale, valablement contracter une assurance sur sa vie.*

La femme Albarède ayant, sans autorisation maritale, contracté une assurance sur sa vie, bien qu'elle eût l'autorisation pour faire le commerce, la Compagnie assureur a été condamnée à rembourser au mari le montant des primes versées.

Tribunal civil de la Seine. — 5e chambre 9 juillet 1857.

---

### RENTES VIAGÈRES. — LEUR CARACTÈRE.

*Lorsqu'une personne verse des fonds dans une Compagnie d'asrances afin d'obtenir une rente viagère, il n'y a pas lieu de rechercher quel a pu être son mobile : il suffit, pour la validité du contrat, que la Compagnie ait été soumise à des chances de perte.*

Il s'agissait dans l'espèce d'un sieur Lavergne qui en 23 ans avait fait vingt-huit placements dans la Compagnie

*la Nationale;* ses héritiers réclamèrent les sommes versées
prétendant que les actes du sieur Lavergne étaient dictés
par la folie. Le tribunal les a déboutés de leur demande en
se fondant sur ce que la Compagnie avait couru des chances
de perte.

Tribunal civil de Tours, 6, 7, 22 et 29 janvier 1858.

———

*Le suicide qui exonère l'assureur doit être prouvé par celui-
ci. Il ne suffit pas de la présomption basée sur le mauvais
état des affaires de l'assuré.*

Le sieur Thillet, commissaire-priseur à Paris, était assuré
pour 150,000 fr. au Phénix et à la Caisse paternelle ; trois
mois après son assurance une détonation se fait entendre
dans une voiture parcourant le boulevard Beaumarchais :
la portière ouverte, on y trouva le corps du sieur Thillet.
Les Compagnies prétendirent qu'il y avait suicide causé
par le mauvais état des affaires de l'assuré. Les héritiers
affirmèrent que c'était un accident. Sur les conclusions
conformes du ministère public, le tribunal a déclaré qu'en
cas de doute, l'assureur devait faire la preuve du suicide,
et a condamné les Compagnies à payer.

Tribunal civil de la Seine.

———

*Toute fausse déclaration ou réticence de la part de l'assuré
annule l'assurance. Le versement de la prime à la caisse
d'une Compagnie n'implique pas l'acceptation du risque.*

Le sieur Rosey, de Saint-Quentin, créancier des époux
Mariage, avait le 5 juillet 1855 assuré à l'Impériale sur la
tête de la dame Mariage une somme de 70,000 fr., sans dé-

clarer que cette dame avait été refusée par deux Compagnies anglaises, la *National London* et le *Gresham*. Huit jours après sa proposition, le 13 juillet, le sieur Rosey avait versé sa prime entre les mains du caissier de l'agent général à Saint-Quentin. Le conseil d'administration de l'Impériale, apprenant le rejet des deux propositions faites aux Compagnies anglaises et considérant cette réticence comme une fausse déclaration refusa, la proposition du sieur Rosey. Celui-ci assigna la Compagnie en délivrance de sa police, devant le tribunal de commerce de la Seine, qui condamna la Compagnie.

Sur l'appel de l'assureur, la cour de Paris avait confirmé la solution des premiers juges, mais avait omis de motiver son arrêt sur la question de la perfection de l'engagement.

La cour suprême avait cassé l'arrêt pour ce motif et envoyé les parties devant la cour de Rouen.

Celle-ci a annulé le jugement consulaire en se fondant sur ce que la proposition du sieur Rosey n'avait pas été acceptée par le conseil d'administration de la Compagnie, laquelle acceptation, aux termes des statuts, engage seule la Compagnie. Et que quand même elle eût été acceptée, elle devait être annulée comme étant entachée de fausses déclarations et réticences. — A déclaré valables les offres faites par la Compagnie à Rosey du montant de la prime versée par lui au caissier de la succursale de Saint-Quentin.

Cour de cassation, ch. civ., 9 juin 1858. — Cour de Rouen, 18 février 1859. Chambres réunies.

*Le créancier assureur ne peut prétendre au montant intégral de l'assurance s'il a reçu des à-compte du débiteur pendant sa vie. Il n'a droit qu'à la portion de sa créance restée impayée. La différence appartient aux héritiers de l'assuré.*

M. Semen avait prêté 10.000 fr. à M. Grassot, et avait fait, le 30 janvier 1858 assurer la vie de son débiteur pour le montant de cette somme par la Compagnie l'Union. Au moment de son décès, M. Grassot s'était libéré de la plus grande partie de sa dette qui ne s'élevait plus qu'à 1,861 fr. 15 c. M. Semen réclamait de la Compagnie la totalité de la somme assurée, et Mme veuve Grassot prétendait au contraire avoir droit à la somme assurée, ou au moins à celle représentant la partie remboursée par son mari.

Le tribunal a donné gain de cause à la veuve Grassot et a ordonné que la somme de 1,861 fr. 15 c. seulement serait versée par la Compagnie au sieur Semen, et le reste, 8,138 fr. 15 c., à la veuve Grassot.

Tribunal de commerce de la Seine, 4 mai 1860.

---

*Le montant d'une assurance sur la vie appartient spécialement au bénéficiaire et ne tombe pas dans la succession de l'assuré.*

M. de Cherrier avait fait à l'Union une assurance sur sa tête pour la somme de 20,000 fr. payable à son décès :
1° à un sieur Legrand pour ce qu'il justifierait lui être dû au moment du décès jusqu'à concurrence de 10,000 fr. ; —
2° à un sieur Picard, dans les mêmes conditions ; —

3° L'excédant, s'il y avait lieu, à madame de **Cherrier**, mère de l'assuré.

Le décès étant survenu, l'administrateur judiciaire de la succession de Cherrier revendiqua cette somme comme faisant partie de la succession. Mais le tribunal a déclaré sa demande mal fondée, l'assurance ayant été faite en réalité au profit de la veuve de Cherrier, malgré les indications de payements à faire à Picard et à Legrand.

Tribunal civil de la Seine, 17 juin 1862.

---

*Le droit créé par une convention d'assurance sur la vie est un droit propre aux enfants bénéficiaires de ce contrat, sans qu'il soit besoin d'un consentement exprès de leur part. (Code Nap., art. 1121.) Cet avantage n'est donc pas révocable. Il ne saurait davantage constituer une chose dépendante de la succession du père : c'est un droit* sui generis *propre aux enfants dès l'instant de leur création.*

Le 27 mars 1857, le sieur Valette avait contracté avec la Compagnie le Conservateur une assurance payable à lui-même ou en cas de décès à ses enfants. Le sieur Valette étant décédé, le syndic de la faillite Lelaidier dont il était débiteur a réclamé le montant de l'assurance. Débouté de sa demande en première instance, il a été encore repoussé en appel, la cour ayant déclaré que l'art. 1121 C. civ. n'était pas applicable dans l'espèce, le contrat d'assurance sur la vie (non prévu par la loi) devant être régi par les statuts de la Compagnie, qui font la règle *exclusive* des parties, et les enfants bénéficiaires du contrat n'étant pas tenus d'en faire l'acceptation.

Cour impériale de Caen, 11 janvier 1863 (1).

---

(1) Cet arrêt est très-important, car, à défaut du législateur, il régle-

## RENTE VIAGÈRE. FAILLITE. DEMANDE DE PRIVILÉGE REPOUSSÉE.

*Le créancier d'une rente viagère due par un failli n'a aucun
privilége pour l'admission au passif du capital représentant
sa rente; il ne peut être admis que comme créancier chirographaire.*

Les sieurs Anty et Lepetit ont acheté le 22 septembre 1854,
un fonds de commerce appartenant à la veuve Wallet,
moyennant la somme de 80,000 fr. convertie en une rente
viagère de 5,000 fr. En 1862 ils sont tombés en faillite, et
la dame Wallet a réclamé le remboursement d'une somme
de 100,000 fr. privilégiée représentant le capital de sa rente
de 5,000 fr. Mais le tribunal considérant les conditions de
cette rente, et le laps de temps écoulé depuis sa constitu-
tion, a fixé à 50,000 fr. le capital représentatif de cette
rente, et a ordonné l'admission de ce capital au passif *chirographaire* de la faillite Anty et Lepetit.
Tribunal de commerce de la Seine, 24 février 1863.

---

Ce jugement très-remarquable montre que le rentier
viager peut être ruiné s'il a affaire à un particulier, tandis
qu'il n'en peut être de même s'il a traité avec une Compagnie d'assurance, qui, elle, ne peut faire faillite.

mente un contrat nouveau. La jurisprudence laisse ainsi en arrière
le Code, qui ne peut pas toujours marcher avec les besoins nouveaux.
L'assurance sur la vie s'impose de fait à la loi.

*Le créancier en faveur duquel un débiteur a contracté une as-
surance dont le payement de la prime a été garanti par des
tiers, n'a aucun recours contre ces derniers s'il ne les a pas,
avant la résiliation de l'assurance, mis en demeure de payer
aux lieu et place de son débiteur, ce dernier ayant cessé de
verser les primes.*

Moyennant une prime annuelle de 1,900 fr. dont les
sieurs Hébert, Burlet et Séchez s'étaient rendus cautions
chacun pour un tiers, la Compagnie Générale s'était engagée
le 21 décembre 1858 à payer une somme de 20,000 fr.
au sieur Gallot ou à ses héritiers.

Ce dernier ayant cédé sa police au sieur Ahier, *resta
néanmoins chargé du service de la prime*; mais faute par
lui d'avoir satisfait à son obligation, la Compagnie fit résilier
le contrat en 1863. Ahier, se prévalant de la cession à lui
faite par Gallot, demandait contre Hébert Burlat et Séchez la
somme de 20,000 fr. plus 7,000 fr. pour le payement des
primes échues.

Il a été débouté de ses prétentions en première instance
et en appel.

Tribunal civil de la Seine, 1er août 1863, et cour impériale
de Paris, 29 décembre 1864.

----

## L'INTENTION FRAUDULEUSE ANNULE LE CONTRAT D'ASSURANCE SUR LA VIE.

Affaire de Paw contre *la Nationale*, *l'Union*, *le Phénix*, *la Caisse paternelle*, *le Gresham* et *l'International*.
Ce procès, qui a eu un grand retentissement à cause de

la solution terrible qu'il a eue est cependant généralement fort peu connu dans son essence ; il importe donc de l'expliquer ici en quelques mots pour faire comprendre le jugement du tribunal civil de la Seine.

Du 11 au 21 juillet 1863, la dame veuve de Paw née Testu a contracté huit assurances sur sa tête pour la somme totale de 550,000 francs , sur les incitations de son amant le docteur La Pommerais, lequel devait payer les primes, la dame de Paw étant dans la gêne la plus complète. Du 16 au 29 août même année, elle a transféré ses huit contrats à La Pommerais. Pour la décider à se prêter à ces opérations, ce dernier lui avait expliqué qu'aussitôt les assurances faites, il lui ferait prendre un médicament qui la rendrait pendant quelques jours très-malade, et que grâce à ce stratagème ils obtiendraient des Compagnies la résiliation des contrats au moyen d'une rente viagère de 6,000 francs au profit de la dame de Paw. Celle-ci se prêta à la combinaison, et n'hésita pas à prendre le poison que La Pommerais lui versait. La mort s'ensuivit. La Pommerais arrêté fut condamné à mort le 17 mai 1864 et exécuté le 9 juin suivant.

La dame de Paw laissait deux filles mineures : leur tuteur M. Testu a assigné les Compagnies en payement du montant des assurances.

Le tribunal civil de la Seine dans son audience du 14 juin 1865, *et sur les conclusions conformes* de M. l'avocat impérial Aubépin a débouté les mineures de Paw de leur demande, par le motif que les contrats d'assurance avaient été faits par la dame de Paw pour se prêter à la fraude que lui proposait La Pommerais.

### DÉCÈS EN ÉTAT DE FAILLITE.

*Les héritiers profitent de l'assurance à l'exclusion des créanciers quand même ils se seraient portés héritiers sous bénéfice d'inventaire. Les enfants de l'assuré doivent être envoyés en possession du montant de l'assurance.*

Demoiselle Schneider contre syndic de la faillite Schneider. Cour impériale de Colmar (27 février 1865).

Voir conformes : Aff. Duchesnoy contre veuve Hénon, ci-dessus, page 48, et Aff. Valette contre syndic de la faillite Lelaidier. Cour de Caen (11 janvier 1863), ci-dessus page 56.

---

*Si une assurance a été faite au bénéfice des ayants droit de l'assuré, et qu'au jour du décès ce dernier laisse : 1° ses père et mère héritiers à réserve ; — 2° sa veuve donataire de tous ses biens meubles et immeubles, instituée à cet effet sa légataire universelle ; — 3° et d'autres héritiers non réservataires, la veuve et les père et mère, représentant seuls le défunt à titre universel, peuvent seuls être considérés comme ses ayants droit. — A eux par conséquent appartient le bénéfice de l'assurance.*

Le sieur Henri Louis, assuré pour une somme de 10,000 francs à la Compagnie Nationale, est mort au bout de 3 ans, laissant pour *légataire universelle* sa veuve commune en biens, et pour héritiers légitimes son père et sa mère réservataires (art. 915 C. civ.) et en outre un frère et une sœur.

Les père et mère ayant revendiqué le montant de l'assurance avaient été déboutés de leur demande, le tribunal déclarant que lorsqu'une assurance sur la vie est constituée au cours d'une communauté et de ses deniers, le montant de cette assurance doit figurer à son actif au moment de la liquidation, sans préjudice des droits des héritiers du mari, nommément désignés, s'il y en a, sur la part revenant à celui-ci ; » — « que, dans l'espèce, l'assuré ne pouvait avoir en vue ses héritiers du sang qu'il a exhérédés en instituant sa femme *légataire universelle.* »

Sur l'appel des père et mère du sieur Louis, la cour de Paris a décidé au contraire que la qualification d'ayants droit comprend tous ceux qui représentent le défunt à titre universel, et qu'au cas particulier, elle s'applique aux père et mère de Henri-Louis ses héritiers à réserve, — et à sa veuve, sa légataire universelle aux termes d'une donation notariée ; — qu'en attribuant à ses ayants droit le bénéfice de son assurance, Henri-Louis a appelé à le recueillir comme s'ils étaient dans sa succession ceux qui seraient appelés à recevoir cette même succession.

Il a attribué la somme de 10,000 francs à la veuve Henri Louis et aux époux Louis, père et mère, pour être partagée entre eux suivant leurs droits (1).

------------

*Le père de famille qui a fait un contrat d'assurance sur sa tête au profit de son fils peut, s'il le veut, en transmettre le bénéfice à sa femme, en donnant à la compagnie avis du transfert.*

Le 5 juin 1862, le sieur Isidore Meignen assura sur sa tête à la Compagnie *le Phénix* une somme de 10,000 francs

(1) Les assurés agiront donc prudemment en nommant dans le contrat la personne qu'ils entendent constituer bénéficiaire de leur assurance ; cette précaution évitera bien des procès.

payable à son fils naturel reconnu Édouard Meignen ou à son ordre, et transféra à ce dernier cette police par voie d'endos. Le 27 août 1863, il biffa l'endossement qu'il remplaça par une donation faite à sa femme. Le 4 février 1864, il en donna avis à la Compagnie le Phénix. Le 1er juin suivant, il mourait à Paris laissant : 1° sa veuve ; 2° M. Meignen, son frère, héritier à réserve pour un quart ; 3° le mineur Édouard Meignen ; 4° deux frères.

Sur une instance intentée par le sieur Fauvel, tuteur du mineur Édouard Meignen, le tribunal civil de la Seine avait déclaré nulle la transmission faite à la veuve Meignen comme ne réunissant pas les conditions prescrites par l'article 137 du Code de commerce, et ne rentrant pas dans l'application de l'article 1993, Code civil.

La veuve Meignen a interjeté appel de ce jugement qui a été annulé par la cour, — considérant que les articles 137 et 138 Code de commerce ne sont relatifs qu'aux négociations faites à titre onéreux en usage dans le commerce — et qu'il suffit évidemment pour la validité du don manuel que la forme de la transmission du titre constate d'une manière certaine la volonté de le transmettre.

Cour impériale de Paris (18 mai 1867).

*L'assuré qui, par son contrat de mariage, a fait donation à sa femme, en cas de survie, de tous les biens meubles et immeubles qui lui appartiendraient au jour de son décès, n'a pas pu valablement, postérieurement à la donation faite à sa femme, disposer du montant de l'assurance au profit de certains héritiers non réservataires. — Il ne peut donc disposer de son assurance à titre gratuit soit par donation testamentaire, soit par donation entre-vifs.*

Le sieur Farjon, assuré en janvier 1866 à la Nationale pour une somme de 25,000 francs mourait quelques mois plus tard après avoir par testament olographe disposé de la somme assurée au profit de quelques-uns de ses héritiers. La veuve a prétendu qu'elle devait seule bénéficier du montant de l'assurance, par suite de la donation contractuelle faite à son profit.

Le tribunal civil de Rouen a admis sa prétention en considérant qu'aux termes des articles 1073 et 1088 Code civil, les donations faites entre époux par contrat de mariage sont irrévocables, en ce sens que le donataire ne peut plus disposer à titre gratuit des sommes comprises dans la donation.

Tribunal civil de Rouen (30 août 1867).

———

*Une assurance contractée par un mari au profit de sa femme ou de ses enfants, ou de toute autre personne désignée par endossement, ne peut s'appliquer qu'à la femme existant au moment de l'assurance, et non à une seconde femme de l'assuré ; à défaut de disposition nouvelle, le capital assuré appartient aux enfants de la première femme et à ceux nés ou à naitre de la seconde.*

Le 30 décembre 1865, le sieur Weiss contracta avec la compagnie l'Urbaine une assurance de 5,000 francs payable à sa femme, ou à ses enfants, ou à toute personne désignée par endossement.

Au moment du contrat, Weiss était marié avec Madeleine Frankhausser, qui décéda le 20 septembre 1866 laissant deux enfants. — Le 28 novembre 1866, Weiss s'est remarié avec Élisabeth Schlegel et est mort le 6 avril 1867.

Sa veuve s'étant déclarée enceinte a réclamé le montant de l'assurance. Le tuteur des mineurs issus du premier mariage s'y est opposé. — Le tribunal considérant qu'il était inadmissible que Weiss ait eu l'intention de dépouiller ses enfants mineurs pour favoriser sa femme, et que, si telle avait été son intention, il pouvait parfaitement la stipuler au dos du contrat — a repoussé les prétentions de la veuve Weiss et a attribué le montant de l'assurance aux enfants nés et à naître.

Appel ayant été interjeté par la veuve Weiss, la cour de Colmar a confirmé le jugement.

Tribunal civil de Mulhouse, 14 juin 1847 ; — cour impériale de Colmar, 19 février 1868.

---

### DÉFAUT DE PAYEMENT DE LA PRIME — DÉCHÉANCE.

Les sieurs de Bruyn frères, créanciers d'un sieur Dantin, avaient assuré en 1858 sur sa tête une somme de 10,000 francs à la Compagnie l'Impériale : la prime fut régulièrement payée jusqu'en 1863. Les sieurs de Bruyn étant tombés en faillite en 1864, le syndic s'aperçut que la prime de 1864 n'avait pas été payée. Il en fit offrir le montant à la Compagnie qui refusa de l'accepter, se fondant sur ses statuts d'après lesquels, faute de payement de la prime dans les quinze jours de l'échéance, la police est annulée, sans qu'il soit besoin de mise en demeure. — Le syndic prétendait que la prime était quérable (ce qui est contraire aux statuts de la Compagnie), et qu'il ne devait y avoir de déchéance que par une mise en demeure.

Le tribunal n'a pas admis sa prétention, et a déclaré que sans rechercher si la prime était quérable ou portable, il résultait des documents de la cause que le payement avait été demandé au domicile des associés de Bruyn, et n'avait pas eu lieu ; — que pas n'est besoin de mise en demeure juridique ; — qu'il suffit que le non-payement soit certain pour que l'annulation de la police ait lieu. — Et a donné acte à la Compagnie l'Impériale de ce qu'elle était prête à faire revivre la police, sur la production d'un certificat de bonne santé du sieur Dantin, et moyennant le payement de la prime et des intérêts.

Tribunal civil de la Seine (4e ch., 18 avril 1866).

La *mise en demeure* dans le sens légal n'est donc pas nécessaire. Il suffit que le débiteur de la prime ait été averti de la payer.

4.

# TABLE

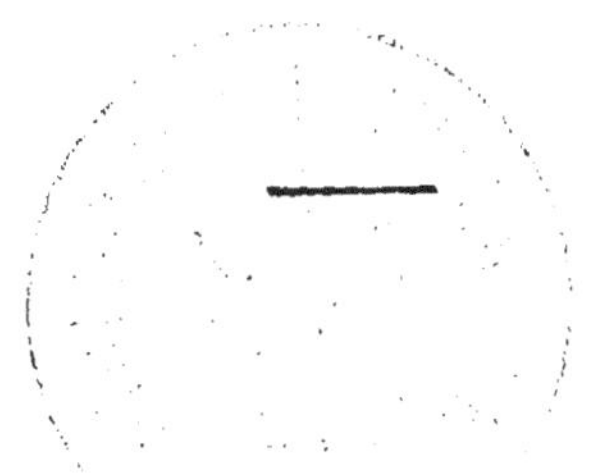



CLICHY. — Imp. Paul Dupont, rue du Bas-d'Asnières, 12.

CLICHY. — IMP. M. LOIGNON, PAUL DUPONT ET Cie
rue du Bac-d'Asnières, 12.